WAC BUNKO

マーフィー 成功の法則 100

部昇一

WAC

はじめに――潜在意識の法則の実践で、あなたの人生は思いのままに！

私がマーフィー博士の著書を知るようになったのは二十五、六歳のころだったでしょうか。その当時、私は留学生としてロンドンにいたのですが、ふと通りかかった本屋で、『あなたも金持になれる』（和田次郎訳、産業能率大学出版部刊）の原本を手にとって見たのです。そして、一、二ページパラパラと立ち読みしたら、ピーンと私の心に触れるものがありました。早速買って、ひといきに読んだのですが、その時の感激は忘れられません。

それからゆっくりと、一日二、三ページずつ読み返して、イギリスにいる間だけでも五、六回読んだと思います。そして、私が長いことさがし求め、漠然と予知していたものが、宇宙の真理であると確信するにいたりました。その後も私は東西の哲学書、宗教書に親しんできましたが、すべて一つの真理を指向しているように思われます。

私がなぜ単なる学術以上の人生の真理を求めるようになったのか、その体験を少し述べて参考に供しましょう。聖パウロは神の出現を見、ルターは友人の雷電死を見て宗教的回心を体験したのですが、凡人である私はそのようなドラマティックな事件は体験しませんでした。私のように外的な大事件に出あったことのない人間の体験の方がかえって、多くの人の参考になるのではないでしょうか。

私が不思議だったのは、豊かで幸福な人と知能指数がほとんど関係ないらしいこと、良心的でまじめということも富や幸福とあまり関係がないこと、さらに大学も上級になったり、大学院になったりすると、頭のよさがかえって成功と関係が少なくなることを、自分の目で多くの例を見て確かめたからです。

個人的な例を出しますと、私の父は昔風の長男として育てられた人で、わがままで怠惰でしたが、かなり幸福そうで長命でした。母は仏様のようにやさしく、正直で、勤勉でしたが、ほとんど安らかな日を送ることもなく、悪性の病気で死にました。私のきょうだいを見ましても、正直で人がらがいい者、頭のいい者が、必ずしも幸福度、成功度が高くありません。私の中学・高校時代の級友を見ても、神童必ずしも学業に成功せず、富裕の者必ずしも富裕感のある生活をしていません。これは大変不公平なことではないでしょうか。

私は学生時代にこのような人生の不思議さを哲学教授に尋ねました。その教授は、「この世における矛盾、正なる者、義なる者が必ずしも幸福ではないこと、このことが死後の世界がなければならないと推測する最も有力な根拠の一つだ」とお答えになりました。その時、その教授はカントだったかゲーテだったかの言葉を引用されて、「この世で正しい者がいかに不幸かを見ただけで、死後の審判があることが確実だ」と言われました。私はその時はそれで納得したのですが、だんだん、この世においても正にして義、しかも幸にして福なることはできないものか、と「虫のいいこと」を考え始めたのです。これは後からふり返って見ると、大変正しい方向に自分の考えが向いたのです。

そして、ダーウィンが、「学問で成功するのは、頭のよしあしよりは、むしろ心的態度の問題である」と言っているのを見つけた時、私は一つの光を見た気がしました。ダーウィンといえば、進化論を実証してみせた人類最大の頭脳の持ち主です。その人が大学を出るまで学校の成績はいっこうにふるわず、父親も「妹の方が男の子であったら」というぐらいの鈍才だったのです。このダーウィンの言葉の「学問」というところを、「人生」あるいは「仕事」と置き換えてみたらいいのではないか――というのが最初のアイデアでした。「人生（仕事）における成功は、頭のよしあしよりは心的態度である」と。

これをさらにつきつめてゆけば、すべては心的態度である、ということになります。そしてこの心的態度は、「まじめであれ」とか、「正直であれ」とか、「勤勉であれ」とか、「意志強くあれ」とか、という修身や道徳の教えるものと別物であることは確かです。

私はライプニッツ以降のドイツ哲学に深い関心がありましたが、それが志向するところは、つまり宇宙全体を精神と見るところだと思います。この意志と表象としての宇宙を、フロイト、ユング以降の潜在意識学と結びつけた時、はじめて実践可能な哲学的世界観が生じるのではないか、というような見通しを持ち始めた時に、マーフィー博士の著書に触れたわけなのです。

お金もうけの本というのは、留学生が勉強する本ではないと考えられていました。私はアングロ・サクソン人、つまりイギリス、アメリカなど英語国民が世界を支配するようになったのは、富に関する考え方が進んでいたからではないか、と思って英米人の致富《ちふ》術に関心があったのですが、マーフィー博士の「金もうけ術」は、それは人間の心的態度に関する最も深く、最も実践的な本だったのです。私は心からこの本と、この著者を発見したことを喜びました。

私は極貧の状態で大学を出ました。生れつきの頭脳は中の上ぐらいだったことは、小学校や中学校で中の上ぐらいの成績であったことから明らかです。健康も生れつき弱く、小学校の上級の頃は体操を禁じられていたことでもわかります。その私が、今ふり返ってみると、日本の大学や大学院のみならず、富豪の息子ですら海外渡航が難しかった頃に、貴族的ともいえるヨーロッパの大学に留学し、さらにアメリカでも研究し、学位までとることができたのは奇跡とでもいうよりほかありません。そして、これという病気もせず、常に健康で冬でも風邪一つひきません。そしてじゅうぶんに富み、じゅうぶんに幸福で、私立や国立の大学で教えるほか、心ゆくまで自分の研究に没頭できました。

私自身をつくったのは、生れつきの知能によるのでもなく、体力によるのでもなく、親の富によるのでもなく、一にかかって私の「心的態度」にあったと思います。私はたえず良い先生、いい友人にめぐまれてきました。

本書はマーフィー博士の言葉のうち、最も重要なものを百個抜き出し、それを、マーフィー博士の言葉や、私の言葉で解説したものです。ここにあげられている多くの例は、それがいかに不思議に思われ、奇跡のように見え、あるいは偶然のように見えても、すべてマーフィー博士か渡部昇一が直接知っている事実であることを銘記したいと思います。

この語録は、一つの真理の多くの面を、実践可能という見地から、百回繰り返しています。マーフィー博士の潜在意識の理論は、元来、非常に高度なものです。ですから何度も繰り返して読むことが必要です。私もこの本を書いている間、同じ真理の繰り返しをいといませんでした。そしてあなたが、この本をゆっくり繰り返しながら読み、二十回目ぐらいに読み返す時は、今とは非常に違った状態にあるはずです。読み終わったら表紙裏にでも、その日付を書きこんでおいてください。一回読み返すごとに、あなたは精神的にも物質的にも向上していっていることが歴然とわかるでしょう。

読者の方はさまざまな職業、境遇にあって、それぞれ、さまざまな願望をお持ちのことでしょう。あなたの願望がいかに変わったものでも、また高いものでも潜在意識にうまく引きわたすならば、必ずじゅうぶん以上の形で実現されます。あなたも栄えている人種の仲間入りをしてください。幸福な人、豊かな人、成功した人の仲間入りをしてください。幸福な人、豊かな人、成功した人は、その人が意識する、しないにかかわらず、潜在意識の法則を実践したのです。もしあなたが今まで、じゅうぶんに幸福でなく、じゅうぶんに富裕でなく、じゅうぶんに成功していないとすれば、それはあなたがじゅうぶんに潜在意識を使っていないからです。その使い方のテクニックをこの本から学んでください。それは努力を要しない、「眠りながら」できるものなのです。そして暇を見つけて潜在意識についての理論的認識を深めてください。

マーフィー博士の教えは、理論的にわかればわかるほど、実際的な効き目が早く、確実になります。もちろん理論が苦手の人は、潜在意識にまかせる気さえあればじゅうぶんです。

この小さい本が、あなたに精神的・物質的富を流れ込ませることを確信しつつ。

渡部 昇一

マーフィー成功の法則100

◉目次

3章 〝これ〟をするだけで、お金が集まってくるワケ …… 95

4章 暗示の力は、どんな良薬よりも効果がある！ …… 129

5章 成功したければ成功者の真似をしろ！……155

装幀　須川貴弘（ＷＡＣ装幀室）

本書の初版は『マーフィー　１００の成功法則』（産業能率大学出版部）として一九七一年に出版されており、現在から見れば配慮すべき表現などが見受けられますが、原作のオリジナリティを尊重し、ワックＢＵＮＮＫＯ化に際し、一部初版の表現のまま改題・再編集しました。

1章

イメージする力で、あなたは無限の成功を手にすることができる！

Murphy

1

幸運を引き寄せる〝磁場〟

自分とはいったい何だろう——あなたも時にそうお考えになることがありませんか。自分は山田太郎の息子だ、とか、○○会社の社員だとか、××大学の学生だとか、いろいろ答え方があるでしょう。

しかし、もっと根本的に「自分とは何か」と考えつめていくと、「自分とは今、自分が考えていること、感じていることそれ自体だ」ということになるでしょう。

自分が幸福で心がわくわくしているようなとき、それがあなたなのです。自分がみじめで、不幸で、どうしようもないと感じているとき、それがあなたなのです。あなたが何かいいことを考えている時、その考えがあなたなのです。あなたが何か悪いことを考えている時、それがあなたなのです。

ですから、「あなた」という固定したものは本当はないのです。あなたは常に選択を迫られているのです。あなたはいつも「いいことを考え、幸せを感じている人」なのか、「悪いことを考え、不幸と感じている人」なのか、どちらにせよ、自分で選んでいるのです。

あなたは、あなたを選ぶことができます。よりいい「あなた」、より幸福な「あなた」を選ぶ原理と方法こそ、マーフィー法則が明らかにしてくれるものなのです。

いいことを考え、いいことが起こると期待している心には、いいことを引きつける一種の磁場《マグネティック・フィールド》が働きます。いいことを期待している気分でいると潜在意識は、終局的にいいことに連《つら》なるチャンスだけを摑《つか》まえるように、あなたを導いてくれるのです。

豊臣秀吉やロックフェラーのような大成功者から、われわれの周囲によくある中成功者、小成功者にいたるまで、そういう人の周囲には、必ず人生の明るい面により敏感だという要素があります。

Murphy

2

積極的な言葉の繰り返しで、あなた自身が変わる

潜在意識には判断したり、選択したりする能力がまるでありません。あなたが心の中で、つまり意識する心（顕在意識）の中で、こうだと思ったことはすべて無差別に実現してしまうのです。

だから、あなたが「私はそうしたいけれど、私にはそうする余裕がない」と言えば、潜在意識はそれを真に受けます。そして、あなたの折角の希望をも実現させないようにしてしまいます。

これに反して、「私はそれを買おう。私はそれを心の中で受け入れる」と言えば、潜在意識はそれを引き受け、遅かれ早かれ、あなたの願望を実現してくれます。あなたは役に立たない、マイナスの言葉を決して言ってはいけません。「私は失敗するだろう」とか、「まずくいくだろう」とか、「おれはダメだ」などと決して言ってはいけません。常に積極的な言葉をあなたの潜在意識に話しか

け続けてください。

潜在意識はあなたの言葉を一度引き取ったら、それを実現しないではおかないのです。積極的な言葉を繰り返しているうちに、あなた自身が変わってきます。そして、ふと気づくとあなたは今までよりも、より積極的で魅力的な人間に変わり、より幸福になっていることに気づかれるでしょう。

ですからあなたは、あなた自身に対して正直にならなければなりません。知人の幸運を聞いて、「あの人はずるいことをやったんだ」と言った場合のあなたの心の本音《ほんね》は何でしょうか。あなたはその知人の幸福を羨《うら》やみ「その幸運がなかったらいいのに」と言っているのではありませんか。

潜在意識は本音に対してのみ反応するのですから、「幸運がなければいいのに」というあなたの心持ちを受け入れ、あなたに幸運が来ないようにと働き始めます。あなたの気持を率直に見つめ、そして本当にいい思念で満たしてください。

あなたが本当に幸運や富裕や健康を望んでおり、しかもそれを否定する気分がないなら、その願望は必ず実現します。

Murphy
3
常に明るい希望に満ちた言葉を語りかける

潜在意識は、万能の機械のようなものですから、何でもできるのですが、それを運転する人が必要です。その運転する人があなたの意識する心、つまり顕在意識なのです。あなたがあなたの運命を左右できるというのはこういうわけなのです。

では、どうして万能の潜在意識を自由に運転できるのでしょうか。それは、要するに潜在意識に好ましい印象や暗示だけ入るように、あなたが意識的にコントロールすればいいのです。なにかいいことが起こりそうだ、というような印象だけをあなたが選んで潜在意識に引きわたすのです。どんなにからだの弱い人でも、頭の弱い人でも、意志の弱い人でも、これぐらいの選択はできるでしょう。だからマーフィー法則は万人が使える法則と言われるわけなのです。

自分の潜在意識に常に明るい、希望と期待に満ちた言葉を語りかけましょう。

そうすると万能の潜在意識はあなたの状態を明るくし、あなたの希望と期待を現実のものとするようにひとりでに動き出すのです。高速車のアクセルは、低速車のアクセルより重いということはなく、むしろ軽いぐらいでしょう。万能の潜在意識を自分のために動かすにも特別の力や努力は必要ないのです。自分を害するような考えをせずに、積極的な考えを選ぶだけで、あなたは「運命」そのものを動かしていることになるのです。

私の知人に、同じ大学の同じ科を同じ年に出て、同じところに勤めて、同じ仕事をしている二人の人がいます。A氏は健康でB氏は悪性の持病を持っています。A氏は公団に住み、将来もそれでいいとしています。B氏は木造アパートに住み、ぜひ、草花のある庭を小さくてもいいから欲しいと念願しました。それから七年経ちます。

A氏はやはり公団に住み、B氏は最近、千葉県に家を建てました。客観的にはB氏の方が不利だったにもかかわらずです。潜在意識が鍵です。

Murphy 4

潜在意識という大機構が動き出した

潜在意識は巨大な、宇宙のすべてに行きわたっているものですが、大きいからといって利用しにくいといったものではありません。

四十万トンの巨船でも、小さい船長の指示次第です。船長が「こんな大きな船は、俺が舵を取っても動かないのじゃないかな」と思ったら、本当にどうにも動きません。「動くはずだ」と思ってやらないことには始まりません。事実、山のような大きな船が思うように動いてくれるとは、動かしたことのある人しか実感できないでしょう。その際、自分の動かす舵がどのような機構につながって船を動かすのかは、あなたはいちいち知らなくてもいいのです。

数年前のクリスマス・イヴに女子大生が高級洋品店のショーウインドーの中に、すてきな、しかし、ちょっと高価な旅行カバンを見つけました。彼は休暇で郷里に帰るところでした。

彼女は「あのカバンを欲しいんだけど、私には買う余裕はないわ」と、もう少しで言うところでしたが、彼女はマーフィー理論を思い出しました。それは、「否定的なことは最後まで言うな、すぐ肯定に切りかえよ。そうすると潜在意識という大機構が動き出して奇跡が起こる」

というのでした。

彼女はすぐにこう言い直しました。

「あのカバンは、私のものとして受け入れましょう。そうすれば、あとは潜在意識がとりはからってくれるでしょう」と。

クリスマス・イヴの夜八時、彼女の婚約者はプレゼントをくれました。その包みの中には、何とその朝の十時に、彼女がショーウインドーの中で見つけて自分のものとして心の中に受け入れた、まさにあのカバンが入っていました。

小さな舵を回して見たら巨船が本当に動いてくれたのです。この出来事を偶然と考える人は、潜在意識が何んであるかをまだ知らない人です。

Murphy

5

ダイヤの指輪もプロポーズも、あなたにとって〝最高の宝〟は心の中にある！

宝探しにアフリカに行く必要はありません。まず自分の心の中に探しましょう。ところで、あなたの宝——本当に欲しいと思うもの——は何ですか。ダイヤモンドのエンゲージリングですか。

それならまず、ダイヤの婚約指輪を指にはめているあなた自身を、あなたの心の中に見つけなければなりません。そういうあなたを繰り返し見ているうちに、実際のあなたが、潜在意識の不思議な力によって、その指輪をするようになるのです。

今、アメリカでは女性が結婚相手を見つけることはやさしくありません。しかも、老人の場合は特に難しいのです。七十五歳の未亡人がマーフィー法則で結婚した例をご紹介しましょう。

その老夫婦は「私は望まれているのだ。やさしい愛情深い方と幸福な結婚をしているのだ」という言葉を繰り返し、繰り返し、感情を込めて唱えました。そのうちに何となくぽーっと胸の中が暖かくなるような気がした時があり、「本当に望まれて結婚したんだ」と実感できるようになりました。

この祈りを始めて半月ぐらいした時、角のドラッグ・ストアの所有者の老人に紹介されました。その人は親切で理解があり、宗教心も深い人でした。おつき合いして一週間も経たないうちに、その七十五歳の老婦人は自分の指先に本物のダイヤが輝いているのを見ました。つまり正式にプロポーズされたのです。彼女は実物のダイヤを手に入れる前に、自分の心の中に発見していたのです。

あなたが求めるものがあったら、まずそれをあなたの心の中に発見してください。自分の心の中にその求める物、求める状態をはっきりと見て、それを抱きしめてください。そしてそれが本当に自分のものだ、という実感が湧くまで続けてください。

そうすれば必ず潜在意識にその願望は引きわたされ、現実の世界に具体的な形で実現されざるを得ないのです。それが潜在意識の法則なのです。

Murphy 6

願望の実現にはヴィジュアライズを考えなさい

米粒はいくら分析しても含水炭素その他の化学成分にしかなりません。しかしそれを田に播《ま》けば、葉が出、花が咲き、また米がなります。何という不思議なことでしょう。

土の中には不思議な働きがあって、米粒を成長させて、稲にするのです。柿の種からは柿の木が、どんぐりからは樫《かし》の木が出てくるのです。つまり種の中にすべてが含まれており、それが土の中に落ちると、土が適当にやってくれるとしか考えられません。

あなたが何か考えを持っていたとします。たとえば、自分は医者になりたいという考えを持っていたとします。そして自分が白衣を着て、テキパキと働く美人の看護師とともに治療に当たっている姿を目に浮かべます。このように目に浮かべること――視覚化《ヴィジュアライズ》――のことを「考え」ということにします。

この「考え」が種子です。この視覚化をはっきりさせたら、それを潜在意識に引きわたすのです。これが種子播きです。そうすれば、その種子は必ず芽を出し、生長します。

種子が芽を出すためには日光がいります。これは信念に相当しましょう。水もいります。これは実感に相当します。除草もいります。これは「ダメだ」という声が聞えたとき、すぐにそれを切り捨てる決断に相当します。

まず、いい種を、いい考えを選びましょう。そしてその考えを抱きしめ、実感をもって繰り返し、悲観的考えが出た時でもすぐそれを切り捨てるようにしていますと、必ず種子は立派に成長し、実を結びます。

あなたが頭脳明晰《めいせき》な人になりたかったら、そういう風にやっている自分を、頭にはっきり描きなさい。私自身の観察から結論を言うと、普通の人なら、四年から五年で、すっかり見違えるほど頭脳が明晰になります。

また美人で魅力的になりたいと思われる女性も、理想像を潜在意識に植え込み、その期待を持続すれば、ゆるやかに、しかし確実にあなたの外形まで変わります。それが潜在意識の法則なのです。

Murphy 7

潜在意識の種を播くには最適の時間がある

畑に種子を播《ま》く時でも、いい時期というものがあります。夏のカンカン照りの時や、冬の凍っている時ではうまくありません。どうしてもポカポカした時がいいのです。春先とか秋先とかがいいのです。

それと同じように万能の土壌である潜在意識に種子（あなたの考え）を播く時も、それが受け入れやすい時がいいわけです。

たとえば、床に入って眠りに入る前に、意識的に筋肉をゆるませた時などで、また、朝、目が覚めて、まだ意識がはっきりしない時などが最適です。自分の考え——自分の願望を絵にしたもの——を頭に描きなさい。

医者になりたい人なら自分が医者になっている姿を、結婚したい女性なら素敵な男性とともに幸福な家庭生活をしているところを、金持ちになりたい人なら、自分がゆったりしたソファーに座って葉巻でもふかしている絵を頭に描きなさい。そして、その絵を「潜在意識に引きわたしたよ」と言うのです。

頭に絵を浮かべている時間は一分でもいいし、慣れれば十秒ぐらいでもいいでしょう。それを朝晩やります。これはとりもなおさず、よい、幸福な考えと気分を持って床に入り、よき幸福な考えと気分を持って起きることになります。つまり潜在意識はあなたの眠っている間中、休まずあなたの願いの実現のために宇宙をゆっくりと動かし続けているのです。

Murphy 8

「自分はどのような姿になりたいか」をイメージしよう

皆さんの周囲を見まわしてみてください。正直で、良心的で、思いやりのある人が必ずしも幸福でなく、虫のいいことを考えた連中が案外うまくやっているではありませんか。

私も本当に立派な人が、一生、〝これ〟というよい思いをせずに、癌《がん》で死んでしまったという例を知っています。しかしよく考えて見ますと、こういう人たちは、自分の明るい将来を期待するという気持ちがあまり強くなかったようです。自分の義務の遂行、人に対する義理を果たすことなどについては、本当に良心的によくやるのですが、さて、自分はどのような姿になりたいのか、ということに関してはあまり考えてないのですね。つまり積極的な希望があまりないのです。

ですから頭に浮ぶのは、「あすこにはどうして借金を払おうか」とか、義理を欠いて恥しい思いをした時の姿とか、暗い連想の方がよく出るのです。そうすると潜在意識の方は「判断力」がなく、意識する心の描くままに実現するのですから、そういう人には、客観的には立派な人でも、不幸なことがよく起こるのです。

それとは逆に、人間として非常に自己本位の人でも、幸運に恵まれ、富裕な生活をしていることがよくあります。そういう人は、自分の将来を明るく描いているので、判断力はないけれども万能な潜在意識は、その実現に力を貸してやっているのです。

あなたのこの世での幸福は、道徳的に立派なだけでは足りません。自分の幸福な生活の姿をイキイキと目の前に描いて、万能な潜在意識の協力を信じるのです。

そうすれば、いろいろやるべきことが目の前に出てくるでしょう。正しいことをやるだけでは幸福になるのには不十分です。不幸な正義漢というのも多いのですから。

Murphy 9

「映画」それ自体が願望を具現化する

昔は人は、志を立てるのが難しかったと思います。というのは自分の生活圏以外を見ることができなかったからです。

H・G・ウェルズというイギリスの世界的作家は、幼い時に、母が上流階級の女中をしていたため、上流の生活をかいま見ることができ、自分もそういう生活をしようと決心し、見事にそれをなしとげました。彼が上流の社会を覗《のぞ》く機会がなかったら、具体的な願望を起こすことはなかったでしょう。

現在、生活がどんどん向上してゆく一つの原因はテレビなのも、他人の生活が見られるので、人の向上意識を刺激するからでしょう。人真似だといって非難する人もいるでしょうが、昔のような貧乏生活に満足する人の数を減らした点では、進歩の原動力の一つとなったわけです。

映画は暗室で、しかもコマーシャルも入らず、一定の完結した世界を提供してくれるので、その目的をもった人には非常に有効なイメージ提供者となります。たとえば、評判だった『マイ・フェア・レディ』を見るとします。それだけでも楽しい物語ですが、貧しい少女があれを見て、自分を洗練する決心をしたらどうでしょうか。あの物語のエライザという少女の向上のもとは「言葉」を正しくすることでした。

上品な言葉を習うこと、礼儀正しくすることは日本人にとっては比較的やさしいことです。そうすれば思いがけない素敵な結婚相手に恵まれるでしょう。

また男の学生があれを見て、ヒギンズ教授のような書斎を持った学者になろうと決心したとします。あのような天井までとどく本棚のあるところで勉強する自分をイキイキと頭の中に描くのです。自分の「目」で一度見ていますから描きやすいでしょう。

私はあの映画で志を立て、信じられぬ経過を経て、天井まで本の届く書斎をもって勉強している若い日本人の学者の例を知っています。

Murphy
10
〝人生の設計図〟からネガティブを排除しろ！

あなたの周囲を見回して見ましょう。あなたの部屋の椅子も机も、万年筆もテレビも、それができ上がる前には、だれかの頭の中にあったものです。椅子をつくる人は、そういう椅子をまず頭の中に描いたからつくれたのです。テレビも、まずそれを設計する人があってできたわけです。またテレビをつくる工場のシステムも、それを考え抜いてレイアウトした人がいたからできたのです。

このように考えると、あなたの周囲に存在するものは、すべて存在するために、だれかがそれを考えたのです。

あなたも存在しています。そして今あるあなたをつくったのは、ほかでもないあなたです。あなたの人生に起こることはすべて、あなたの心に描いていることに応じてつくられたものにすぎません。もしあなたの心が恐怖、心配、不安、欠乏などの心の型でいっぱいであり、あなたが意気消沈して、疑念に満ち、ひねくれて冷笑的であれば、その通りに徐々に、しかも確実にあなたの潜在意識に刻印されます。

そして潜在意識は、刻印されたものを必ず実現しないではおかない性質を持っていますから、あなたの生活は労力と心配と緊張がいっぱいで、不安は増大し、あらゆる面で欠乏を感じるようになるでしょう。

あなたは目が覚めている時、ずっと自分の生活を形成する設計図を描いているようなものです。あなたが考えていること、あなたの抱いているアイデア――あなたの受け入れている信念、あなたの心の奥の密室で繰り返している場面――これがあなたの人生の設計図です。

つまり一刻一刻、あなたは自分の心の家を建てていることになるのです。新しい、よい設計図をつくり上げてください。静かにくつろいだ時間に、この設計図を潜在意識に送り込んでください。

潜在意識はあなたの設計図を受け入れ、全部実現してくれるでしょう。聖書に「その実《み》によって木を知る」とあるのは、これを意味しています。

Murphy 11

願望をハッキリと〝視覚化〟できればオーケー

潜在意識は全能ですが、あなたの意識する心に対しては一〇〇%受動的です。ですから、あなたはご自分の願望を実現するには、それを潜在意識にうまく送り込みさえすればいいのです。

どうしたらうまく自分の願望を潜在意識に送り込むことができるのでしょうか。それはあなたの願望を視覚化することです。つまり願望を絵にすることです。マーフィー博士はこのテクニックを「心の映画法」と呼んでいます。

マーフィー博士がアメリカ中西部の諸州で講演をしました。そうしているうち、中西部に恒久的な場所を持って、そこを中心にして活動したいと思う願望が生じ、なかなか頭から去りませんでした。

ある夕方、ワシントン州スポケインのとあるホテルに泊った時、彼はソファーに横になって完全にくつろぎ、注意力を停止し、静かな受動的な気持ちになって、それから大きな聴衆に向かって、「私はここに来たことを喜んでいます。私はこういう理想的な機会の到来するのを祈っていたのです」というようなことを語りかけている情景を想像しました。

そして、自分の心の目でその想像上の大聴衆を見、それが全部実在するのだと感じました。彼はこの心の映画を脚色し、その主役を演じました。

そして、それが潜在意識に引きわたされ、現実の世界に具体的に現れると実感し、翌朝、彼が目を覚ました時、何とも言えない大きな平和感と満足感を味わいました。それから数日経って、彼は一通の電報を受け取りました。

それは心の映画に写したのと同じように、中西部に恒久的な活動の場所を提供しようという申し出の電報でした。マーフィー博士がその申し出を受け入れ、中西部でも仕事をしたことは言うまでもありません。

Murphy 12

〝願望〟が強ければアイデアと手段がどんどん湧いてくる!

お祈りというのは願望のことですし、願いというのは、とりもなおさず祈りのことです。その祈りを実現するには、まずその祈りが実現したところをまざまざと眼前に描いて、それが実在していると実感することです。潜在意識は絵になった祈りに対して特に敏感でよく受け入れます。

私は渡米を熱望している少年と知り合いになりました。当時は今のように海外旅行がたやすくできる時代ではなく、その少年も渡米のための手段やつてをまったく持っていませんでした。こういう場合はあれこれ考えても、疲れたり、心が萎《な》えるだけです。マーフィー理論は普通のやり方と反対に、まず祈りは聞き入れられて実現したのだ、という立場から始めます。

私はその少年に「どういう交通機関を用いてアメリカにわたりたいか」と尋ねました。彼は「船がいいですね。安いし、それにロマンティックですから」

と答えました。それで私は彼に、暇を見て横浜に行き、プレジデント・ラインの客船を眺めて、その船に自分が乗るところを頭に描くよう勧めました。

彼は実行し、そのうち、船に乗っている自分をイキイキとして頭の中で想像できるようになったのです。そうすると渡米のためのアイデアとか手段がどんどん湧いてきました。

彼は湧いてくるアイデアをどんどん実行に移していきました。そして、それが彼に道を開いてくれたのです。彼は渡米し、少年時代からの夢をじゅうぶん実現したのです。

いいですか、はじめにいろいろ手段を考えるのではなく、まず自分の願望が実現したところを頭に描いて、それがかなえられた喜びを先取りして、体験してしまうのです。それからアイデアとか機会が現出するのを待つのです。

Murphy 13

小説や映画の中に〝自分の将来〟を見つけ出せ！

あなたは何を本当に求めているのですか。それがはっきりしないことには祈りようがありません。ところが実際いろいろな人の相談にあずかってみると、何を望んでいるのかはっきりしない人が大部分です。莫然と幸福とか、莫然と富とか、莫然と名声とかを求めているのです。しかし莫然としている祈りは現実化のしようがありません。

それで心の中に自分の願望を描く手段の一つとして、小説や映画の場面を用いることを勧めます。小説や映画は各場面をイキイキと描いていますから、それを借りるのです。

私は数年前にアメリカの小説で、その女主人公が汽船で大西洋を横断する場面を読みました。それはまだ飛行機が旅客を運ばない第二次大戦の時代のものでしたが、とてもロマンティックないいものでした。私もそうした船の旅をしたいと思いました。そして、その情景を心に浮かべることは比較的簡単なことでした。小説の中にくわしく描いてあるのですから、私はその中の主人公を自分に置き換えてみればよかったのです。

ところが、日本人が大西洋横断の豪華船で旅行するということは、当時ちょっと稀《まれ》でしたし、どう考えてもそんな機会はたやすくありそうにも思われませんでした。

しかし私は、その願望達成の手段を考えることはやめて、快適な船の旅を心に描きました。そのうち、ひょんなことから世界最高速の豪華客船に乗ってニューヨークからヨーロッパ大陸に旅行する機会に恵まれたのです。

それはすばらしいものでした。一日二回フルコース、朝食ですら四、五コースでした。そして午後はオーケストラ付のティー・パーティがあり、夜は毎晩すてきな夜会がありましたし、船中のプールでの水泳もすてきなものでした。

私は船中、ただ一人の日本人でしたが、みな親切で、それは素敵な、例の小説で読んだよりも快適な旅でした。

Murphy 14

「イメージトレーニング」は実現への近道

私の知っている人が東京の郊外に以前から住んでいました。

しかし、土地は借地だったのです。彼はそれを譲ってもらいたいと思って、よほど前から地主さんと交渉していたのですが、いろいろ難しい問題があって解決が進みません。

しかし現在の法律では追い立てはできないのですから、売ってくれるはずだという確信はありました。しかし地主の方がなんだかんだといって話はスムーズに行きません。私に相談を求められました。

私は彼にいろいろな手段に気を遣うのはすっかりやめ、その土地が彼のものになったことを示す何か象徴的な状況を目に浮かべるように勧め、マーフィー博士が家を売った話などをしてやりました。それは初夏の候でした。

彼には息子がいました。ちょうど、鯉のぼりの季節でした。彼は鯉のぼりを立てるために長い竿を立てている時、ふと私が言ったことを思い出しました。そして鯉のぼりの竿を立てるための行為を、その土地を手に入れる行為の象徴と見なすことにしました。

「この土地は俺のものになるんだ。そのしるしとしてくいを打つんだ。俺は俺の土地にくいを打ち込んで、そして勝利の旗（鯉のぼり）を高くなびかすのだ」

こう心の中で繰り返しながら、くいを土の中に打ち込みました。くいを打ち込む行為自体が潜在意識に達成のイメージを打ち込むのに役だったのです。それから間もなく地主はスムーズに彼の条件を受け入れ、夏まではすっかり手続きも済んで、その土地は彼の物になりました。

Murphy
15

〝マイナスの暗示〟には断固「ノー」と言いなさい

アフリカの聖者シュバイツァー博士が原住民のタブーについて驚くべき報告をしています。

原住民たちの間では、子供が生まれる時、その父親は酒を飲んで恍惚《こうこつ》状態となり、口から出まかせに新しく生まれる子供のタブーを口にします。たとえば「右肩」といえば、その子供の右肩がタブーになり、そこを打たれると死ぬと信じられます。「バナナ」といえば、その子供が大きくなってからでもバナナを食べると死ぬと信じられます。そして事実、シュバイツァー博士はそのタブーで死んだ例を多く見ています。

次のような極端な例もあります。バナナ料理をした鍋を洗わないで次の料理をして、それをある原住民が食べました。その原住民は後で、その鍋でバナナが料理されたのだと聞かされました。その途端、彼は真っ青になり、痙攣《けいれん》を起こし、手あての甲斐もなく死んでしまいました。

もちろん、バナナで死ぬはずはありません。その原住民もその鍋にバナナが付いていたことを知らされなければ平気だったのです。暗示はこれほど恐ろしいものです。

もちろん、われわれはこれほど簡単に暗示にかかることはありません。しかし、程度の差こそあれ、暗示は恐ろしい働きをします。

ですから、「私の病気はよくならないだろう」「私は幸福にはなれない」「悪いことが起こりそうだ」などという暗示があったら、即座に、断乎としてその暗示を拒絶するクセをつけなければなりません。断乎として「ノー」と言いなさい。そうすれば悪い暗示は働かなくなります。

そして、すぐにいい暗示に切りかえましょう。「私は輝くばかりの健康体になるのだ」「私はすばらしい配偶者に出会うのだ」と言いましょう。

あなたの知り合いの人をながめてごらんなさい。ちゃんと自分の道を歩んで成功した人は、悪い暗示を受けつけないクセ、心構えを持っていることがわかるでしょう。

Murphy 16

長期にわたって〝自分の成功〟を願い続けよ！

マーフィー博士の知り合いの映画俳優は、次のように語っています。

「私はほとんど教育のない者ですが、少年の頃から映画俳優として成功するところを夢見ていました。野原で干し草を刈っている時でも、牛を追いながら家に帰る時でも、また牛乳をしぼっている時ですらも、私は自分の名前が大劇場に大きく映し出されるのを見ることを絶えず想像していたものです。私はこれを数年間続け、ついに家から逃げ出しました。私は映画のエキストラの仕事にありつきました。そして、ついに私が少年の頃見たように、私の名前が大きく映し出されるのを見る日がやってきたのです。それで私は、想像を維持すると、それは成功をもたらす力があると確信します」

しかしこれを読んだ読者の中には、俳優や女優をあこがれる若い男女は山ほどいるのに、そうなれない人が多いのはおかしいではないか、と言う方がいるでしょう。

しかし、これは不思議でも何でもありません。長期にわたって自分の成功したところを想像し続ける人は意外に少ないのです。この俳優は、田舎から飛び出るまで、数年間、ほとんど一瞬も自分の成功している姿が頭から離れなかったのです。それからエキストラになってからも相当長い間、自分の成功像が頭から離れなかったのです。

それに、この世界は競争が激しいのです。すると必ず競争者の失敗を願う心が出てきます。そして失敗を願う心が、自分の成功を願っている心より強いことがよくあります。他人の失敗を願う心は、潜在意識に自分の失敗を祈っていることと同じなのです。

潜在意識は「だれが失敗するか」ということは知らず、要するに失敗像、失敗感を刻印され、それをそう考えている人自身の上に実現するのです。

Murphy

17

〝憤り・反感〟は、必ず自分に跳ね返る

潜在意識は万能の力を持っていますが、それが現実の形をとる時は、必ず個人個人の意識する心を通じて働くのです。

ですから、あなたの考えていること、あなたの感じていることが、あなたの体験となって現実化します。それであなたは自分の考えること、感じることに気を付けなければならないのです。

ある日、一人のセールスマンが私に会いにやってきて、自分の会社のセールス・マネジャーといっしょにやっていくことの難しさをいろいろ述べました。彼はその会社に十年勤続しているのに何の昇進もなく、また、何も認められませんでした。彼は博士に自分の行った販売の数字を見せてくれましたが、それはその地域の他の人にくらべて比較的大きなものでした。

彼が言うには、セールス・マネジャーが彼を嫌い、不当に取り扱い、会議の

席上でもつらく当たって、時には彼の提案を剛笑したというのです。彼はこの上役に対して憤《いきどお》りと反感でいっぱいでした。つまり彼はいつも、このセールス・マネジャーに対する批判や非難、悪口、口答えなどでいっぱいになっている自分自身と対話していたのです。

彼は心の中で放出したことを、必然的に現実の世界で取り戻すはめになっていたのです。このことを指摘され、このセールスマンは自分の考え方が破壊的であったことに気がついて、そのセールス・マネジャーの健康と成功、心の平和、幸福を祈ることにしました。

そして眠りにつく前に、自分のすばらしい仕事ぶりをセールス・マネジャーにほめられているところを想像しました。

彼はだんだんこれがみんな本当なのだと感じ、彼の握手を感じ、彼の声を聞き、彼がほほえむのを見ました。しだいに精神的浸透によって彼の潜在意識には、その刻印がなされ、その表出が自動的に現れてきました。

かのセールス・マネジャーは彼を抜擢《ばってき》して百人の部下の長とし、給与も大幅にあげてくれたのです。

2章

願望がまるで奇跡のように現実化する魔法のワザ！

Murphy 18

自分に"不利"になることは口にするな！

私の教え子がこんな話をしてくれました。

「私はゼリーが食べられません。とても口に入らないのです。皆さんがおいしそうに食べているのに。ところが最近、おばあさんからそのわけを聞きました。私が子供の頃はとてもゼリーが好きだったそうです。そしてあるとき、あまりそれを食べすぎてひどい下痢になって、なかなか治らなかったそうです。それ以来、ゼリーを食べなくなったんだよ、とおばあさんは言うのです。しかし不思議ですねえ、そんなことは私はちっとも覚えていなかったのに」

そうです。潜在意識は意識する心がすっかり忘れていても、覚えているのです。サバを食べて中毒になったことを、体を支配している潜在意識はちゃんと知っていて、目にサバが見えたとたんに、防禦《ぼうぎょ》反応を起こさせるのです。

あなたの潜在意識は一日二十四時間、休みなしに働き続けていて、一度受け入れたことは決して忘れずにあなたを絶えずつくり変えているのです。ですから、潜在意識に命令するとき、つまり何かを断定するとき、自分に不利なことを言ってはいけません。

「私はコーヒーを飲むと朝三時まで眠れない」と言う人は、潜在意識に「私の体を朝三時まで眠れぬようにしておけ」と命令するのと同じことなのですから、そういう人は朝三時まで興奮して眠れないことになります。

同じように「私は金には縁がない」と言う人は、自分を貧乏にするようにと潜在意識に命令しているのと同じことになります。

このように休むことを知らず、夜も昼も働きずくめの潜在意識を自分の利益になるように働かせるのが、あなたの意識する心のつとめなのです。

Murphy 19

「もうダメだ」と言う前に

難しい問題に直面し、どうしてもそこから抜ける方法がないように思われることがあります。

しかし、注意してください。あなたに「思われる」のは、あなたの意識する心に思われることです。意識する心は限定されたものです。その限定された意識する心では不可能と思われても、全能な心に不可能となっているわけではないのです。

私の知っている日本人の青年はしきりにアメリカに行きたがっていました。彼はある問題に関心を持っていて、どうしてもそれを研究するにはアメリカの方がいいと思っていたのでした。

ところが、約二十年前の日本では、海外渡航は非常に難しく、なかなかその道が見出せませんでした。しかし、彼は幸いにも潜在意識のことを知っていました。

「私にこの願望を与えてくれる無限の知性は、私を導き案内し、私の願いを実現するための完全な計画を示してくれます。私の潜在意識の深い知恵が必ず答えてくれることを知っています。そして、私が心の中に感じて要求していることは外界に具体的な形をとって表現されます。そして私の心はいつも静かに落ち着いています」

その後も、アメリカに行く道はなかなか開けませんでしたが、ヨーロッパの小国に行く機会に恵まれました。彼はその機会を摑《つか》みました。そして、その国にいる間、そこにフルブライト計画で来ているアメリカ人教授と知り合いになりました。そして、彼はその人に認められてアメリカに行くことになりました。そして、ついにアメリカの大学の教壇に立つことになったのです。

潜在意識は万能なのですから、私たちの現時点での意識する心にはとらえ切れない雄大な計画を持っています。「もうダメだ」と言うことは、その潜在意識の協力を拒否することになるのです。

Murphy 20

「ぞくっ」と感じたら、もうしめたもの！

体をくつろがせて、自分の願望をイメージにした時、そのイメージが潜在意識に引きわたされてしまえば、必ず実現するのですが、はたしてうまく引きわたされたかどうか知る方法はないでしょうか。

一つ確実な方法があります。それは自分の願望が達成した状況のイメージを描いている時、スリルといいますか、なんかぞくっとした感じが出ればいいのです。この感じはほんの数秒のこともあるし、もっと長く続くこともあります。しかし、こういう感じがしたらしめたものです。

それはあなたのイメージを潜在意識が受信したという合図なのです。潜在意識は一度引き受けてしまえば、それを実現させずにはいませんから、あとは安心していればいいのです。

私の知っている学生でドイツ留学を念願している男がいました。彼はドイツのことはまだあまり知りませんでしたが、ドイツの代表的な川であるライン川のことはいくらか知っていました。

そこでライン川の岸に立っている自分の絵を頭の中に描くように指導しました。彼はその通り、一日に何回も自分がラインの岸に立っている光景を頭に描きました。

そうしている時、突然、「ぶるっ……うう寒い」という気がしたそうです。それは夏の話ですから、その意味は彼にも私にもよくわからなかったのです。ところが、その秋に、急にばたばたと留学の話がまとまり、彼は十月末に渡独しました。デュッセルドルフ空港についた時、日本の商社の人が、「他のある人の出迎えに来たのに、その人が来なかった」と言って、彼を空港から車にのせてくれました。そして途中で車をとめて、ライン川を見ましょう、と言ってくれたのです。それは十月の末のことです。すでに川風は冷たかったのです。思わず「ぶるっ……うう寒い」と言いました。

これは彼が三カ月前、東京ですでに経験したことだと、やがて気がついて驚きました。

Murphy 21

自分の願望が本当に達成されたと感じたら

自分の欲する願望を想像して、それが現実になったと感じるなら、その願望は遅かれ早かれ現実化するというのは潜在意識に関する根本的真理です。ところで、自分の願望が本当に達成されたと感じたら、その時、あなたはどう感じますか。「ああ、ありがたい」と感じるのではないでしょうか。

ですから、自分の願望をイキイキと頭の中に描き、それはきっとやってくるのだ、いや、やってきたと感じて、感謝する気持ちになりなさい。そして、そのことはしばらく放念します。するとまた、祈りたい気持に導かれていくことがおわかりでしょう。

そうして気付いた時は、あなたの願望は根本的に達成されていることがおわかりでしょう。

あるアメリカ婦人の話です。彼女は大学を出て有能な秘書となりましたが、結婚する適当な相手がなく、いつの間にか、日本でいうオールド・ミスになりかけていました。そのうち、ふとした機縁でマーフィー理論を知り、それが真理であるように思えたので実行することにしました。

彼女の願いは、心のやさしい男性と結婚して、アメリカ人がよくやるようにヨーロッパに新婚旅行に行くことでした。彼女はそれがすでに実現しているところを想像しました。そしてマーフィーに自分を紹介してくれた友だちに礼状を書くところを想像しました。

心の中にイキイキと幸福な自分の姿を描いているうちに、本当に自分の夢が実現されたのだと感じる瞬間が出てきました。そうして、この真理を教えてくれた友だちに対する感謝の念も湧き上がり、本当にその礼状を書きたくてたまらなくなったのです。

願望の実現を想像して感謝の念が出たというのは、潜在意識への引きわたしが完了した証拠なのです。彼女は間もなく、再婚の人でしたが、豊かな弁護士と結婚し、パリのホテルからその友だちに本当に礼状を書いていました。

Murphy 22

どれだけ〝深く信じるか〟が成功のカギ

フィリパス・パラケルスス（一四九三―一五四一）は、バーゼル大学の初代の化学教授で、当時は世界一の錬金術師という評判のあった人です。その彼がこのように言っています。

「あなたの信仰の対象が本当であろうと、間違いであろうと、それに関係なく同じ効果があるでしょう。ですから私は聖ペトロ自体を信じるべきなのに、そのかわりに聖ペトロの像を信じたとしても、聖ペトロからと同じご利益を受けるのです。しかし、これは迷信です。しかし信仰はそれが迷信でも奇跡を生むことがあります。本当のことを信じようと、間違ったことを信じようと信仰はいつも同じ奇跡を生むのです」

そして彼の言っていることは今日でも全く本当なのです。彼の時代は宗教改革の時代で、ローマ・カトリックのようにマリアの像などを拝《おが》むのを偶像崇拝といって否定する新教の宗教が多く出ました。

ところが、皮肉なことにはローマ・カトリック教会の方に、奇跡と認められるものがずっと多いのです。これはカトリックの方が真理でプロテスタントの方が間違いという意味ではありません。ひょっとしたらプロテスタントの方がより合理的かもしれません。

しかし、マリアの像の前で拝んだ方が、よりよく信仰の気分にひたれる人が多いことも事実でしょう。深く信じることさえできれば奇跡は起こるのですから、カトリックの方がだんぜん奇跡が多いのも説明がつきます。

奇跡的な霊験が起こるのは、信じていることが高級だからでも、合理的だからでも、学問的だからでもありません。信心が深くて、それが潜在意識に到達したからなのです。

マリアの美しい像がそれに役立ったとするならば、それは本当に聖母マリアが助けてくれたと思っても、結果的にはいっこうに差支えないわけです。

Murphy 23

マーフィー理論はどの宗派も正しいと断言します

西洋には、ひどい宗教戦争がありました。また、日本にもあります。ある宗教団体は自分のみが真の救いを与えることができると言いますし、禅宗でも同じようなことを言いますし、キリスト教の各派も同じことを言っています。

しかし「自分だけが正しい」という宗派が世界中にこんなにたくさんあるのはおかしいではありませんか。宗教同士、宗派同士の醜い争いを見ていやになった人がしばしば無神論者になるのはそのためです。

よく聞いてみると、どの宗教も立派なことを言っているのです。そして、どの宗派にも奇跡が起こり、どの宗派のよい信者も、それに似た不思議な体験をしているのです（そういうことがなかったら、だれがいつまでも信者でいましょうか）。

しかしマーフィー理論は、どの宗派も正しいのだといいます。どの宗派も人間を潜在意識にいたらしめるための道なのだ、と考えます。創価学会に入って奇跡を体験した人もいます。立正佼成会《りっしょうこうせいかい》に入ってそのようなことを体験した人もいます。カトリックでもいます。マホメット教でも、アフリカの何とか教でも、アメリカの新興宗教でもいます。これは厳然たる事実で、だれでも認めないわけにはいきません。

そうだとしたら創価学会は立正佼成会をインチキと言ってはいけない。キリスト教も日本の宗教を非難してはいけない。人にはいろいろなタイプや好みがあり、自分が信じやすい宗教・宗派を選べばいいのです。自分さえ納得すれば、ほかの宗派のことは非難するに当らないのです。

どんな宗派の教えでも、深く信じることさえできれば奇跡も起これば救いも得られます。いろいろな宗教は潜在意識へのアプローチの違いだけです。あなたが宗派の創始者になってもいいのです。

Murphy
24
潜在意識を引き出すには〝繰り返し〟が必要

マーフィー理論に習熟した人は、願望の引きわたしにあまり時間がかからず、時には一回念じただけで実現することもあります。しかし皆がそうなるわけではありません。願望を潜在意識に引きわたすには繰り返しが必要なのです。

釘を打つ時のことを考えてください。堅い厚い板にちゃんと打ち込むためには、トントントンと何度も打たなければなりません。しかも、あせらずに何度も打ち、決して一回カナヅチで思い切り打って、それっきりにするということはありません。潜在意識にあなたの願望を送り込むのもその要領です。あせってはいけません。何度も何度も打ち込むのです。

あなたが住宅問題で悩んでいたとします。そしたら、まず自分が快適に住めそうな住宅を考えます。郊外の住宅でもいいし、高級マンションでもいいでしょう。そして自分がそこで快適な生活を送っている様子を想像し、皆が住宅に苦労しているのに自分は幸福だ、という気分にひたるようにします。そしたら、その住宅の問題は頭からすっぱり忘れて、自分の目の前にある仕事に安心してとりかかるのです。

そしてまた、その日の夕方でも、翌日の同じ頃でもかまいません。同じように快適な住宅条件に恵まれている自分を想像し、感謝の気持ちにひたります。それを毎日、繰り返すのです。

そのうち必ず心の奥の奥の方で、〝カチリ〟とそれが実現したと実感する瞬間が来ます。潜在意識は一度、願望を引き受けると必ず実現してくれます。大宇宙があなたの願望のために、きわめてゆっくりですが、確実に動いてくれるのです。

あなたは必ず現実の世界においても快適な住宅条件の下にいて、「私は幸せだなあ」と言っていることでしょう。

Murphy
25

繰り返された願いは必ずかなう

「願望を簡単な文句にまとめ、それを子守唄のように繰り返しなさい」

フランスのルソー研究所の教授で、ニュー・ナンシー治療学校の研究所長だったボードワンは、すばらしい心理療法家でしたが、彼の編み出したボードワン法の極意は右にあげた言葉に尽きています。

彼は潜在意識に願望を送り込む一番いい方法として、やはり意識する心の努力が最低限に切り下げられる睡眠類似状態、つまり、うつらうつらとした状態になり、それから静かな、受容的なやり方で願望のことを考えることを勧めています。この際、ボードワン法の特色は、願望を簡単な、記憶しやすい言葉にまとめて、子守唄のように何度も何度も繰り返すという点にあります。事実、すぐれた成果をあげています。

数年前、ロサンゼルスの若い女性が遺産相続に関する激しい、また、不快な訴訟事件にまき込まれました。彼女の夫は全財産を遺贈してくれたのですが、彼の先妻の息子や娘たちが、遺言無効の訴訟を起こし、形勢は必ずしも彼女に有利でありませんでした。

ボードワン法に従って彼女はアームチェアにゆったりと腰をおろしてくつろぎ、うつらうつらとした状態になった時、自分の願いを簡単に六語（英語で）にまとめて、それを子守唄のように繰り返しました。

そのまとめた言葉は「神の秩序に従って、このことはもう終わってしまったのだ」というものでした。

約十日、毎晩続けたところ、ある晩、心の中に平和感が湧き、静寂感が全身にみなぎってくるような気がしました。それから普通の深い眠りに入りました。その翌日、目が覚めた時、「このことはもう終わってしまったのだ」という確信が自然に湧いてきました。その日に、彼女の弁護士から電話があり、相手側が示談を申し出たということを知らせてくれました。訴訟は取り下げられました。

彼女の潜在意識を通じて働いている無限の知性は、調和の原則を通じて調和ある解決をもたらしたのです。

Murphy
26
〝感謝法〟で失業者が副社長にまでなれた!

聖パウロは聖書の中で、称賛と感謝の念をもって私たちの要求を示すよう勧めています。感謝する心は常に宇宙の創造力に近いので、万能の潜在意識も感応しやすく、多くの恵みが、そういう心を持った人に流れていくのです。

ここで注目すべきことは、恵みを受けてから感謝するのでなく、まだその恵みが具体的な形をとって現れる前に、感謝することです。これが、聖パウロが言う「感謝の念をもって要求を現す」という意味なのです。

ブローク氏の例をあげましょう。彼は失業中で子供が三人おり、勘定書はたまってゆくばかりでした。この時、彼は「感謝法」を教えてもらい、それは彼の心に響くものがあったので実行することにしました。彼は約三週間、毎朝毎晩、規則正しく、くつろいだ平和な気持ちで、「神さま、私の富に対して感謝します」と繰り返しました。

そのうち、本当に感謝の気分が彼の心の中で支配的になってきました。そして心配、怖れ、貧乏、困苦など、暗いような考えや気分が心に入りかけてくると、すかさず、「神さま、ありがとうございます」と何度も言って、暗い気分などが心に入ってくるのを止め、和《なご》やかな気分になるようにつとめてきました。

そして、この感謝の気持ちが宇宙の万能の知性に届くのだということを信じました。そして実際、感謝に値することが彼に起こったのです。

この祈りをして、三週間ほどたった時、二十年も会ったことのない以前の雇い主に偶然出会うと、彼はいい仕事を提供してくれたのみならず、五百ドル（当時の金額）を前貸ししてくれたのでした。そして今、このブローク氏はその会社の副社長です。

Murphy 27

命令・断定による驚くべき力

万能の潜在意識が自分の味方であることを悟った時、自分の願望を簡単に言い表すだけでじゅうぶんなことがあります。

ある少女が、自分にしつこく電話をよこしたり、デートを強要したり、勤め先にも押しかけてくる若い男に悩まされていました。しかも彼と手を切るのは非常に難しいことがわかりました。しかし彼女は幸いにもマーフィー博士の話を聞き、なるほどそうだと思い、次のような命令を潜在意識に与えました。

「私は○○さんを神に向かって開放してやります。彼はいつでも自分のいるべきところにいます。私も自由で、彼も自由です。私は今、自分の言葉が無限の精神に入っていき、それが実現してくれることを命じます」

この命令を潜在意識に言い聞かせると、その男は二度と彼女の前に現れなくなったとのことです。「それはあたかも大地が彼をのみ込んだかのようでした」

と彼女は言っています。

このような命令、断定を行うとき、力む必要はありません。あなたの力で行うのではないのですから、心を無理に緊張させたり、心の格闘などを起こしてはいけないのです。きわめて自然に潜在意識に言いつければいいのです。

ちょうど、高級レストランのボーイに、「シェリーを持ってきてくれ」と言う時と同じように、当然、言いつけた通りになるのだという前提に立って言えばいいのです。

極端な例ですが、風邪の時、眠る前に、「明朝起きるまで、潜在意識よ、ちゃんと健康にしてくれます」と言っただけで、すっぱりと治ることがよくあります。潜在意識は万能ですが、全く受動的で命令をよく聞きます。

Murphy
28
成功を感じたとき、あなたの願望は達成された

願望を実現したいとき、どうしたらいいのか、などということにいろいろ気を遣ってはいけません。反対者を予想してもいけませんし、意志の力を使ってもいけません。意識する心の知性を使ってもいけません。まったく自由に、子供のように信じるのです。

ある家のセントラル・ヒーティングが故障して、ボイラーの修理代に二百ドル請求された時、その家の持ち主はどこが故障しているのか聞きました。修理人は「ボルトが一つ具合悪かったのです」と答えました。その家の所有者は「たったボルト一個に二百ドルとは高いではないか」と文句を言いました。すると、その修理人は、「私はボルト代には五セント請求しましたが、あと百九十九ドル九十五セントはどこで故障していたかを見つけるための代金です」と答えたそうです。

あなたの潜在意識はこのボイラーの熟練工以上にあなたの肉体のあらゆる器官の悪いところや、それを癒《いや》す方法や手段を知っているものです。しかも報酬はただなのです。あなたはこの全知の熟練工に向かって、故障の個所をあれこれ細かに言う必要もないし、その直し方について気を遣う必要はありません。あなたは最高の熟練工を抱えているのと同じなのです。最後の結果を確認するだけでじゅうぶんなのです。

肝心なのはくつろぐことです。人間の修理者でも、家主に途中であれこれ言われたり、指示されたら迷って、うまくいかないでしょう。潜在意識に細かなこと、途中の手段を心配させるとよく働きません。

あなたの問題が健康のことであれ、お金のことであれ、勤め先のことであれ、その問題がうまく終結したのを実感するのです。これが潜在意識に本当に任せたしるしなのです。

感じること、あなたの願望が達成された状態にあると、今、感じるようにしなさい。くつろいで、のんきにやってください。

Murphy 29

自分の願望を〝ひと言〟でまとめる

マーフィー博士の知り合いの青年の父が死にました。遺言は見つかりませんでした。しかし彼の姉は死んだ父がみんなに公平な遺言状を作成しておいたと、自分に打ち明けたことがあるというのです。その遺言状を見つけようといろいろやって見ましたが、成功しませんでした。

マーフィーの法則を知っていたこの青年は、眠る前に自分の心の深層に「私は今この問題を潜在意識に引きわたします。それは父の遺言状がどこにあるのかをちゃんと知っており、それを私に教えてくれます」と親しく、くつろいだ調子で語りかけました。それから自分の願いごとを「答え《アンサー》」という一語に圧縮して、それを子守唄のように何度も何度も繰り返しました。そして彼は「答え」という一語とともに眠り込んだのです。

その翌朝、この青年はロサンゼルスのある銀行にどうしても行かずにはいられないような予感がしました。そこに行ってみると、父の名前で登録してある貸金庫があり、そこに入っているものが彼の問題のいっさいを解決しました。

この青年が最後に、自分の願望を一つの単語にまとめたのは大変いいことでした。もちろん、文章による祈りでもいいのですが、その祈りの内容をさらに一語、あるいは数語にまとめて、この青年のように、子守唄のように繰り返しながら眠りにつくことは、万能全知の潜在意識に活動開始を命じる最も有効な方法です。ですから、ぜひ、この簡単なテクニックを使ってください。

Murphy 30

よき妻にめぐり合うために

よき妻を得ることが自分の人生の完成に必要だと考えている男性は、まず自分が求める女性はどのような性質を持っているかを静かに考え、その諸性質について日頃からよく黙想していなければなりません。そうでもないと、つまらない女に一時の感覚的な魅力に引かれて結婚し、長い悔いを残すことになります。まじめに将来の生活や子供のことを考える男性は、次のような言葉を肯定してください。

「私は今、自分に完全に合う、ふさわしい女性を引きつけます。これは精神的な一致です。というのは、これは二人の魂に共通な潜在意識を通じて働いている神的な愛だからです。そして、私はその女性が次のような性質を備えていると断言します。彼女は精神的で、誠実で、忠実で、操正《みさお》しい人です。彼女は調和的で幸福です。私たちはお互いに抵抗できなく引かれています。愛と真実と美に関係あるものだけが私の経験に入り込むことができます。私は今、私の理想的な伴侶を受け入れます」

あなたが静かに、また関心深く、あなたの求める伴侶が持っている性質で、あなたが尊重する諸性質について考えていますと、あなたはそれに相当する精神的なものを自分の心性の中にうち建てることになります。そうすると、あなたの潜在意識の底流は、神の秩序に従って、つまり、不可避的にあなた方二人を引き合わせるのです。

私の友人はアメリカ留学中に高名な哲学者の家庭を訪ねて、もてなしを受けたのですが、その夫人も哲学者でしたので、彼はその家庭の知的な雰囲気に強い印象を受け、自分もそのような婦人を妻にしたいと思いました。

彼には日本に帰国後、いろいろ縁談があったのに不思議に成立しなかったのですが、ふと知り合った某女子大の哲学講師をしていた婦人と結婚することになったのです。そして彼は理想的に、哲学的会話のできる婦人と幸福な家庭をつくっています。

Murphy

31

男と女〝牽引の法則〟

潜在意識に刻印されたものは何でも実際に体験されます。もしあなたが好ましいと思う男性をあなたに引きつけたいならば、あなたが好ましいと思う男性の性質や特長を、あなたの潜在意識に刻み込むことから始めなければなりません。そのテクニックを紹介しましょう。

夜、アームチェア、あるいはソファーに腰を下して、あるいはふとんに横になって、目を閉じ、緊張をほぐし、体をくつろがせ、非常に静かに、受動的に、また受容的になりなさい。そして、自分の潜在意識に次のように話しかけるのです。

「私は今、正直で、まじめで、誠実で、平和で、幸福で繁栄している男性を私の経験の中に引きつけています。私が尊敬するこのような諸性質が、今、私の潜在意識の中に沈んでいきつつあります。私がこのような諸性質に思いひそめている間に、これらは私の一部分となって、潜在意識的に具現されつつあります」

また、こうも言ってください。

「牽引《けんいん》の法則という抵抗できない法則があって、私は潜在意識の信念によって好ましい男性を私に引きつけると確信します。潜在意識の中でほんとうだと感じることは、必ず私に引きつけられてきます」

このような考えを、あなたの潜在意識に吹き込むことを実行してください。そうすると、あなたは自分で心の中でいろいろ考えた諸性質、諸特長を持った男性を自分に引きつけるでしょうし、その男性はあなたを発見して喜ぶでしょう。あなたの潜在意識の知性は、あなた方二人の出会う道を予期せぬ方法で開いてくれます。これはあなたの潜在意識の抵抗できない、また変えることのできない流れなのです。

あなたの持っている愛と献身と協力の最善のものを与えたいという鋭い願望を持ちなさい。そして、あなたの潜在意識に与えたこの愛の贈物を受けとる心の用意をしてください。

Murphy 32

三度の結婚に失敗したが

三度も結婚に失敗した女と言えば、まあ普通は四度目もうまくいかないでしょう。しかし、なぜ前に三度も失敗したのか反省し、四度目には幸福な結婚に成功した例があります。

彼女がどのように潜在意識の助けを得たかをみてみましょう。

この女性は、三回結婚しましたが、その三人の夫がみな、受身的で従順で、どんな決定を下すにも、何をやるにも彼女に采配を振るわせるので、彼女は不満なのでした。マーフィー博士にわかったことは、彼女は非常に男性的で、傲《ごう》慢《まん》でしたので、潜在意識に、彼女は自分に主役を演じさせてくれるような、服従的で受身的な男を欲していたのでした。それで彼女の潜在意識に描いた絵は、彼女が望んでいるタイプの男を彼女に引きつけたのです。

つまり、彼女は潜在意識的には受身的な、奥さんの言うことを聞く男性を望みながら、意識する心では、自分を指導してくれるような、男らしい男性を望んでいたのでした。

これは一人の心にある二つの違った層の意識の矛盾です。そしてそういう場合、常に潜在意識の方が勝ち、そっちの方が実現します。それを気づかないので、彼女は悩んでいたのです。これに気づいた彼女は、マーフィー博士の指導に従って次のように祈りました。

「私は自分の心の中に、私が深く望むタイプの男性をつくり込もうとしています。私が夫として引き寄せる男性は強く、たくましく、愛情深く、非常に男性的で、成功者で正直で、誠実で、忠実です。彼は私と結婚すれば愛と幸福を見出すでしょう。私は彼の導くところ、喜んでどこにもついていきます……私は彼に愛と善意と楽しい心と、健康な体というすばらしい贈り物を提供します。神的知性はこの男性がどこにいるかをすでに知っており、その流儀に従って私たち二人を引き合わせ、結んでくれるでしょう」

彼女は間もなく新しい就職先で理想的な医者に知り合い、結婚し、非常に幸福です。

Murphy 33

〝フィーリング〟で高級車が手に入る！

マーフィー博士の講演によく出席してくる若い婦人がいました。彼女は三度もバスを乗りかえてくるので、講演に来るまで一時間半もかかるのでした。しかし彼女は、車を欲しいと思った青年が、欲しいと思った車に試乗することによってフィーリングを摑《つか》んで、そのフィーリングを潜在意識に送り込むことによって奇跡的に車を手に入れたという話をマーフィー博士に聞きました。それを彼女は実行したのです。

彼女はマーフィー博士の勧めのように、はじめから高い願望水準を持っていた方がいいことを知っていたので、キャデラックのショールームに出かけました。セールスマンが同乗して運転して見せてくれた上、彼女にも数マイル運転させてくれました。

彼女はそのキャデラックが自分の物だと何度も何度も心の中で繰り返し、その運転のすばらしいフィーリングをしっかりと潜在意識に刻印しようとしました。そして刻印したと思いました。

その後も彼女は自分が車に乗り、運転し、車内装飾などに手を触れる光景を、二週間以上休まずに頭に描き続けました。そうしたら、ニュージャージーのイングルウッドにいる彼女の伯父さんが亡くなって、彼女にキャデラックと不動産全部を遺贈してくれたのです。それで、その次のマーフィー博士の講演に行く時、彼女はキャデラックに乗って出席したのです。

これをあなたは偶然だと考えられますか。もしそうなら、あなたは潜在意識の本質についてはじめから学び直す必要があります。

Murphy 34

"理想のパートナー"との出会いは、こうしてかなう！

あなたが祈る相手、任せる相手は潜在意識という全知のものです。ですから自分が求めているような結婚の相手に、どのようにして、どこで出会うか、などということについては心配する必要はありません。あなたの潜在意識の知恵を絶対的に信頼していいのです。それは「方法《ノウハウ》」を心得ていますから、あなたがあれこれ悩む必要はないのです。

むしろ、あなたは方法については頭を使わないほうがいいのです。あなたがあれこれ心配すると、その心配が潜在意識に刻印されるので、かえって悪いのです。

私の友人で音楽好きな男がいました。彼は学校の教師をしていたのですが、ピアノのできる婦人と結婚し、文学と音楽が基調となっているような家庭をつくりたいと思っていました。しかし具体的に音楽をやっている人に知り合うような機会は全然ありませんでした。

私は彼にマーフィーの理論の話をしてやり、まず理想の女性の特質を強調した祈りをすること、そして心の飽和状態に達するまでそれを心の中に求め、ちょうど、食べたリンゴが血液の一部となるように、そのイメージを彼の一部にするように勧めました。彼はそれを実行しました。

ある音楽会から帰る途中、彼は旧友と久しぶりで会ってビヤホールに寄りました。そこで大いに語り合ったのですが、その時、彼は「自分は家庭に文学と音楽が欲しい」というようなことを言ったのです。その友人にはたまたま音楽大学の卒業生の女性の知り合いがあったのです。

その友人は後に二人を引き合わせてくれました。そして話はスムーズに進んで、彼が願っていたような家庭が実現しました。

今は子供もでき、彼の家には音楽が満ちており、またそこでなされる会話には文学や芸術のことが多く、彼の理想を完全に実現したものになっています。

Murphy 35

離婚は最初、心の中で始まる

マーフィー博士の知り合いで、最近結婚してたった数カ月にしかならない若夫婦が離婚を求めていました。

マーフィー博士がこの若い夫の方に会っていろいろ話してみると、この夫ははじめから妻に捨てられることを絶えず恐れていたことがわかりました。彼は嫌われることを予期し、また妻が不貞を働くだろうと信じ、こういう考えが彼の頭から去ったことはありませんでした。そしてそういう心配、不安、危惧《きぐ》の感情は、彼の強迫観念になりました。

彼の心は別離と疑惑の感情で満たされていました。彼女の方も彼に冷淡になりました。彼自身の持つ喪失感と別離感、あるいは、その雰囲気が二人に作用を及ぼし始めていたのです。

作用と反作用、原因と結果の法則によって、心の型はそれに応じる状態をつくり出しました。この場合の作用（原因）は彼の考え、つまり意識する心の内容であり、反作用（結果）は潜在意識の反応です。

彼の妻は家を出て、離婚を請求しました。これこそ彼がはじめから恐れていたことなのです。いい考えがいい状態をつくり出すように、否定的な考えは否定的な状態をつくり出すのです。

マーフィー博士は心の法則を二人に説明してやりました。離婚は、まず心の中で始まり、法律的手段はその外的確認の形式にすぎないことを悟らせました。二人は博士の忠告を聞いて、相手に心配の型を投射することをやめ、愛と平和と調和と善意を投射することを実行することにしたのです。

二人は代わり番に、毎晩、詩篇を読み合うことにしました。彼の結婚は日ましに美しくなったのです。

Murphy

36

〝スリル〟を味わうまで想像力を働かせたら

マーフィー博士の行きつけの洋服屋さんの娘の話です。

ある日、彼女は父親に言いました。

「私、今日、八千ドルもする、とてもすてきなテン皮のコートを見てきたの。私たちにはとても買えないことはわかっているけれども、心の中で着るところをためしてみようと思うの。ああ、とっても欲しい」

マーフィー理論を知っていた彼女の父親は、「そのテン皮のコートを手に持って着るところを想像してみたり、そのすてきな毛皮をなでて、その肌ざわりを感じたり、それを着てみた時の気分を味わってみたりしてごらん」と勧めました。

マーフィー博士の話を聞いたことのあるその娘は、心の中でその想像のコートを着てみました。そうして、ちょうど子供が人形をかわいがるように、それをやさしくなでたりしました。そのようなことを続けているうちに、彼女は、とうとうその毛皮のコートを着るスリルをよく味わうまでになりました。毎夜、心の底の静寂にひたってはその想像のコートを着て、それが自分のものになった喜びを味わいながら眠りにつきました。ひと月たちましたが、何も起こりませんでした。

彼女は気持がぐらつきそうになった時は、「最後まで耐え忍ぶものは救われる」(マタイ伝十章二十二節)という聖書の言葉を思い出して続けました。

ある日曜の朝のこと、彼女が私の講演を聞いてから会場を出る時、ある男性が彼女のつま先をひどく踏みました。彼は丁寧にお詫びを言ってから、彼女を家まで車で送りたいと申し出ました。彼女は喜んでその好意を受けました。

その後、二人はしばらくつき合ってから、彼は彼女にプロポーズして、ダイヤの指輪を贈るとき、こう言いました。「僕はとてもすばらしいコートを見かけたのですが、君がそれを着たらどんなにすてきだろう」。二人はそのコートを見にいきましたが、それは何と彼女が長く魅《み》せられていたあのコートでした。彼女はコートのみならず、夫まで得たのです。

3章

〝これ〟をするだけで、お金が集まってくるワケ

Murphy 37

潜在意識は人の〝本音〟しか受け入れない

「何週間も何カ月も『自分は金持ちだ。自分は繁栄している』と言ったのに、何も起こらなかった」という人もいますし、また「私はくたびれるまで、『自分は繁栄している』と肯定しましたが、事態はかえって悪くなりました」という人もいます。これはどうしたことでしょうか。

しかし、こういう人の場合、くわしく調べてみますと、例外なしに、心の底で自分が自分にウソをついていると感じていることがわかりました。潜在意識は人の本音《ほんね》しか受け入れません。

「私は億万長者だ」と口で言っても、その人の心の中で、「だけど私は貧乏なんだ」と思ったとすれば、潜在意識は、口で言った方ではなく、心で思った方を実現させてしまうわけです。ですから、くたびれるほど「自分は繁栄している」と言いながら、実際にはもっと悪くなる人も出てくるわけです。

では、どうしたらいいでしょうか。それには自分の心の中では決してウソを言わない工夫をしなければなりません。その一つの方法として現在進行形を用いることをお勧めします。

つまり、不振の状態にある人が「私は繁栄している」と言ってもウソですから、「昼も夜も、私の関係あるすべての分野で、私は繁栄させられようとしている」と言うのです。

これなら将来のことですから、そう言ってもウソを言っているという気分になりません。このような進行形にしたものを、心のくつろいだ時、夜眠る前、朝、目覚めた時など、力まないでゆったりした気分で繰り返すのです。これなら潜在意識も抵抗なく受け入れてくれます。

Murphy 38

四六時中、「私は金持ちになりつつある」と言おう

「私は金持ちだ」と言っても、本当は貧乏なんだ、という感じを持っていれば、その心の底の感じの方が潜在意識に刻印されるという危険があるので、現在進行形で「私は金持ちになりつつある」という言い方が安全です。

もう一つ簡単な方法は単語を繰り返すことです。たとえば「富」「富裕」「豊かさ」など、あなたの好きな富に関する単語でいいのです。あるいは「成功」「達成」などというのでもいいでしょう。こういう単語は普通の人の知覚しない、恐ろしい力があります。

それは潜在意識の内にひそむ力を表している言葉だからです。あなたは自分の内なる、この強力な力に自分の心を結びつけておかねばなりません。そうしますと、こういう単語の本質や性質に応じた状態や環境があなたの生活の中に現れてくるのです。

「自分は金持ちだ」と無理に思い込もうとするのではありません。ただ単に、あなたの内なる真の力に思いをひそめるのです。

「富」と言う時、それは単語ですからウソでもなんでもありませんから、心の中にもなんの葛藤《かっとう》もありません。ですから、この「富」「豊かさ」などという考えに思いをひそめていると、心の真の内奥部《ないおうぶ》から、富裕な感情がわき上がってきます。こうなればしめたものです。

万能の潜在意識はあなたの心の底なる感情に必ず反応して、そういう状況を実際にあなたのまわりにつくり出す力を持っているのです。富裕な感情はあなたに富をもたらします。

四六時中このことを忘れないでください。

Murphy 39

「お金が好きな人」に、お金が寄ってくる！

自分の潜在意識について知ることが、あらゆる種類の富、つまり精神的な富、金銭的な富にいたる近道です。

あなたがマーフィー法則を研究しているならば、経済的状況や株式市場の景気、不況、ストライキ、戦争など、あなたのまわりの状態や環境に関係なく、また富のとる形に関係なく、あなたは常に豊富な供給をうけます。

その理由は、あなたはご自分の潜在意識に富の考えを送り込んだからです。潜在意識は、あなたのような人は、どこにいようと不自由させません。潜在意識についてよく知っている人は、お金はいつでも自分の生活を自由に流れており、いつでもありあまるほどあるということを心の中で確信しています。

万一、国の政策が明日にでも破産して、第一次大戦後のドイツ・マルクのように、すべての人の現在持っている貨幣が無価値になるような事態が起こったとしても、あなたは依然として、新しい通貨がどのような形をとろうと、それに関係なく富を引きつけ、間断のない富の供給を受け続けるでしょう。

お金がどんどんあなたに向かって流れ込んでくる簡単なテクニックを紹介しましょう。

次の言葉を一日数回、体も心もくつろいだ時にゆっくり自分に繰り返してください。

「私はお金が好きだ。私はお金を愛する。私はお金を賢明に、建設的に、思慮深く使います。私はお金を喜んで手放しますが、それはすてきな具合に何倍にも増えて私のところに戻ってきます。お金はいいものです。実にいいものです。お金は私のところに雪崩《なだれ》のように豊富に流れてきます。私はそれをいいことだけに使います。私は自分の利益と、私の心の富に感謝します」

この祈りをしばらく繰り返していれば、あなたの生活を魔法のように豊かにします。

Murphy 40

〝富裕感〟が富を引きつける

金持ちになる唯一の方法は、額に汗をたらして激しく働くことだ、などという話を信じてはいけません。あなたも、一週間のうち数時間働くだけで、途方もない額のお金をもうけた人がいることを知っているでしょう。

本当は、がつがつ働かないでも、どんどんお金が入ってくるような生活のやり方が一番いいのです。自分がしたくてたまらないことをして、しかもその仕事がわくわくするほど楽しく、しかもどんどんお金が入ってくるのが理想的なわけです。

マーフィー博士の知人で年収二千七百万円の人がいます。彼はロスアンゼルスの会社の重役で、先年も船で世界一周旅行をやってきました。

その人が言うには、彼の会社で週給三万五千円（当時の金額）ぐらいでやっている多くの人は、仕事についても、自分より多く知っているし、また管理ももっとうまいのですが、そういう人たちは潜在意識の驚異に関心がないので、うまいアイデアを使えないのです、ということです。

それに反してこの人は「自分は高給を得て、世界旅行にもときどき出かけるのに値する人間なのだ」と潜在意識に思い込ませたというのです。

潜在意識は、いったん思い込まされたことは必ず具体的に実現してみせる力を持っているのですから、この人の言うことは本当です。

自分は豊かであるという心の底からの感情があれば、それがあなたを豊かな人にするのです。つまり富裕感が富を引きつけるのです。

あなたの富を成長させたかったら、あなたの富裕意識を成長させなさい。四六時中、このことを忘れないでください。努力しないで富裕になりましょう。本当にあなたは、奮闘する必要も、奴隷のように働く必要もないのです。

Murphy 41

〝美〟と〝贅沢〟を望むのは宇宙の大真理です

あなたは金持ちになる権利があります。あなたは豊かな生活を送り、幸福で輝くばかりで、自由であるためにこの世に生まれてきているのです。ですから、充実した、幸福な、富裕な生活を送るのに必要なお金はじゅうぶん持てるはずです。

神は（潜在意識という手段で神は、といってもいい）この宇宙をつくりました。それは無限の富を意味します。それと同じ神、あるいは潜在意識から生じたあなたが、困窮《こんきゅう》し続けなければならないはずはないのです。

あなたは自分を美と贅沢《ぜいたく》で囲むべきです。あなたが豊かになりたいという欲求は、より充実した、より幸福な、よりすてきな生活を送りたいという願望なのですから、それは宇宙的調和に基づく要求なのです。それは単にいいことであるのみならず、非常にいいことなのです。

私の知っている姉妹があります。姉の方はいわゆる人がよく、進んで犠牲を引き受けるタイプでしたが、怒りっぽく、いらいらしていました。妹の方は俗にいえば虫がよく、自分の都合のいいことばかり考えているようでした。「私は幸福になるんだ。素敵な結婚をして金持ちになる」などと言っていました。姉の方は、「妹は虫がいいんだ」と言って、もっぱら親のために働いていました。そして、妹がきれいな着物をこしらえてダンスに行くことを心よくなく思っていました。

その後の二人の運命は注目に値します。姉は少しも幸せなことがなく、しまいには癌《がん》になりました。妹の方は「いつも虫のいいこと」を考えていたように、恵まれた結婚をしたのです。

これまでの道徳によれば姉の方は親孝行で、妹はわがまま娘ということになり、姉の方がはるかに立派ということになります。しかし、現実の問題として姉は不幸で、妹は幸福だったのです。

この本は説教をする道徳の本ではありません。宇宙の大真理を紹介するためのものです。真理にそむいた道徳は不幸を産みます。

Murphy

42

会社での〝昇進・昇給の法則〟は

大きな組織体の中で働いている人が、自分はじゅうぶんな俸給をもらっていないとか、自分の努力は認められていないとか、もっと給料も上がり、もっと認められてもいいはずだ、などとひそかに考えて腹を立てているならば、その人は潜在意識的に自分と組織とのきずなを断ち切っていることになります。

その人は一つの法則を動かしているわけで、アメリカなら監督者か支配人がその人に「君はやめてもらわねばならない」と言うでしょうし、日本でなら簡単にくびを切られることはないにしろ、昇進がとまったり、前途の少ないポストに回されることになるでしょう。

くびを切ったり、昇進をとめた支配人は、その人の否定的な心の状態を確認した道具にすぎないのです。潜在意識の中では作用と反作用の法則が支配しており、これはその一例です。

この場合、作用というのは、その人の考えのことであり、反作用というのは、その人の潜在意識の反応のことなのです。

では、そういう場合はどうすればいいでしょうか。まず、あなたの正直な感情をよく見つめてみましょう。あなたの属する組織体のどこに本当にいたいのか、どういう地位にいたら、今、本当に生きがいがあるかを考えましょう。

もしそのポストが決まったら、そのポストで自分がイキイキと活躍しているところを目の前に描いてください。そのポストで立派な仕事をして周囲の人の祝福を受けるところを想像してみてください。そして一日に少なくとも二度、眠る時と目覚めた時に、体をゆったりとさせた状態でこの心の絵を描き続けてください。

効果は物理の法則のように、必ず現れてきます。

Murphy 43

〝勤勉〟でも昇給・昇進できない深いワケ

ある会社の才気豊かな若手重役がこうこぼしました。

「私は毎日忙しく、夜は遅くまで働いています。今までに経営に関する私の提案や意見はよく取り上げられ、そのため会社はずいぶんもうけてきました。ところが私は過去三年間一度も昇進していません。私の部下でさえ昇給したり、昇進したりしているのですが」

実際、この男は勤勉で才覚もあり、会社のために骨身も惜しまず働いていました。そこで彼が昇給しない理由を調べてみると、それは彼の家族問題にあったのです。

彼は妻子と別居し、三年間にわたって財産、別居手当て、子供の養育費などで争っていたのです。無意識のうちに、つまり心の奥の奥で、彼はその訴訟の決着がつくまでは余分なお金は欲しくないと思っていたのです。つまり、彼はお金をもうければもうけるほど、別居手当ても多く払わなければならなくなるので、そのことから免れたいと思っていたのです。彼は妻を憎んでいましたから、「これ以上、金はやるものか。あいつを豊かにしてはやらないぞ」と思っていたのでした。

彼はまさに「お金はいらない」と決めてかかっていたわけでしたし、「妻を豊かにしたくない」という感情は、富に対して否定的な態度をとることですから、彼の経済生活のすべての面にわたってマイナスの影響をふるっていたのでした。

マーフィー博士に指摘されて、この若手重役は明敏な人でしたから、自分の致富《ちふ》と昇進をさまたげていたのは、自分自身にほかならぬことを発見しました。そして、自分の幸せのためにも別れた妻と子供たちに対し、健康と愛と平和と繁栄を望むべきであると悟りました。そして祈り始めたのです。

数週間して、彼は精神的に生まれ変わったように感じました。大きな昇給の知らせがありました。それより驚いたことには、別れた妻の方から和解を求めてきて復縁したのです。

Murphy 44

お金は手段で、それ自体目的ではない。しかし手段は必要だ

「私は破産しました。私はお金を憎みます。それは諸悪の根源です」と言った人がいます。

しかし、この考え方はまことにおかしいのです。「私は火事にあってすべて焼かれました。私は火を憎みます。それは悲惨の根源です」などと言う人がいたら、あなたはその人は少し頭がおかしくなっているのだ、と思うでしょう。火はそれ自体では悪いものではなく、われわれが冬に暖かくすごせるのも、料理した食物をとれるのも、火のおかげだからです。

お金は宇宙の富の交換手段ですから、それを呪うのは錯乱したノイローゼを示す以外の何物でもありません。また同時に、交換手段を絶対視する人も一種の錯乱した心の持ち主です。

もしあなたが「お金を貯めることにあらゆる注意力を向けてやるぞ。ほかの

ことは、いっさいどうだっていいんだ」と思うなら、お金をもうけ、財産を築くことができます。

しかし、欲しいのはお金だったと思ったところ、自分の欲しかったのはお金だけでなかったことがわかるでしょう。自分にひそんでいる才能を本当に表現してみること、人生において自分にふさわしい地位につくこと、美や他人の幸福や成功に貢献する喜びも欲しいことがわかるでしょう。お金は手段で、それ自体が目的でないことも、そのうちわかるでしょう。

しかし手段は必要ですし、これがないことには話になりませんから、潜在意識の法則を使って、何千万円でも手に入れてください。

そして、その豊かな手段を使って、心の平和、調和、完全な健康、人をも自分をも幸福にする活動をしてください。

Murphy

45

人を呪わば穴二つ

自分が貧しい時、あるいは困っている時に巨富を持っている人、うまくやっている人を嫉妬するのは人の常です。

しかし嫉妬することは、富そのもの、幸運そのものに対して否定的な感情を持つことになり、それは潜在意識に刻印され、あなた自身が富や幸運から遠ざけられてしまうのです。

では、そういう時にはどうしたらいいでしょうか。

そういう時は、すぐに祝福してしまうのです。だれかが巨富を得たということを知って嫉妬の心が起こりかけてきたら、すぐに、「彼とその富に祝福あれ」と言うのです。その人のために喜んでやるのです。そうすると、あなたの意識する心が、富や幸運を肯定することになり、これは潜在意識に受け入れられ、あなたにも富や幸運がもたらされるのです。

しかし祝福だけでは物足りないと思う人は、さらに自分のための祈りをつけ加えてもいいのです。「彼は巨富を得たそうだ。彼とその富に祝福あれ。そして私にもそのような幸運がきっと来るでしょう」と言うのです。昔、株でもうけた人は、「人もよかれ、われもよかれ。われは人より、もうちょっとよかれ」と祈っていたそうです。

ここには否定的な言葉、否定的な考えが少しも含まれていません。しかも人間の心理に自然です。このようなすぐれた祈りを考えた人がうまくやっているのは当然というべきでしょう。

日本の諺《ことわざ》に「人を呪《のろ》わば穴二つ」（他人を呪って殺そうとすれば、自分もその報いで殺されることになるので、墓穴が二つ必要になる。人を陥れようとすれば自分にも悪いことが起こるというたとえ）というのがありますが、これはまさに潜在意識の法則をよく言い表しています。

あなたは人の幸運を祝福してください。これはとりもなおさず、自分にその幸運を引き寄せていることになるのです。

Murphy 46

人を貧乏にしているのは"嫉妬"の感情です

多くの人を貧乏にしているのは、実に嫉妬の感情です。たとえば、自分の知人が銀行に多額の預金をするのを見て、あまり預金のない人が抱く感情は嫉妬ではないでしょうか。そして、嫉妬を抱いている限り、その人は豊かになれないのです。

というのも、潜在意識は、嫉妬を単なる否定的な感情として受け取るからです。要するに他人の富をあなたが嫉妬することは、富に対して否定的な感情を抱くことです。あなたの意識する心が否定するものは、潜在意識も否定して受けつけないのです。他人の富を嫉妬する限り、富はあなたへと流れてこないで、あなたから流れ出ていきます。

私は若い頃、貧しい人たちといっしょに働いたことがあります。世の中には貧民を礼賛する学者などがいますが、私が見た貧民たちに最も支配的な感情は嫉妬でした。彼らは自分の仲間のうちで、少しでも金めぐりのよくなった者や、出世した者に徹底的に悪口を言い、嫉妬します。また、きょうだいの中で少し豊かな生活をしている者は、他のきょうだいに徹底的に嫉妬され、悪口を言われているのが常でした。

つまり、貧しい者同士では助け合ったり、美しい行為をやり合っているのですが、その仲間がちょっとでもよくなるのは我慢ができないタイプの人たちがほとんどでした。

私はその後、中産階級の人とも、富裕な階級の人とも知り合うようになりました。そして、豊かな階級の人たちには、他人のいい話を喜ぶ気質の人が多いことを発見しました。例外はあるでしょうが、貧乏人は自分より哀れな境遇の人への同情心は強いけれど、自分より暮し向きのよくなった人への反感が強く、富裕な人は時として同情心は強くないけれども、人の成功を喜ぶ傾向が強いといえるようです。

あなたは同情心の強い人になるのは結構ですが、あなたよりよい暮らしをする人に反感を持つのはやめなければなりません。

Murphy 47

“貧乏”をたたえるのは、いわば一種の負け惜しみ

もしあなたの体が病気になったら、自分にはどこか悪いところがあると思うでしょう。そして直ちに助けを求め、その状態に対して何か手をうつでしょう。同じように、もしあなたの生活の中でお金がじゅうぶんに循環していないならば、あなたにはどこか根本的に悪いところがあるのです。

あなたの内なる生命の原理は、より豊かな生活を志向しているのであって、貧しいことは生命の本来の欲求にそむくことなのです。あなたはあばら屋に住み、ぼろを着、すきっ腹を抱えて暮らすために、この世に生まれてきたのではありません。あなたは幸福で富裕で成功しているべきなのです。

ところが過去において多くの宗教や哲学は貧しいことの美徳を述べてきました。しかし、それは特殊な状態においてです。暴政や全体主義国家など、個人の価値を低く見るような体制下にあっては、個人が富むことは体制によって否

定されてきたのです。

そういう社会で富むことは、暴政や独裁をする立場にまわらなければ富むことが難しいので、あきらめとして貧しいことをたたえたのでした。いわば一種の負けおしみです。

しかし、われわれが生きている社会は個人が自由に自分の生活様式に従っていい社会です。われわれは独裁者や暴君にならなくても、豊かで幸福で成功できるのです。

生命の原理を人間の方でねじまげていた時代の隠者などがあきらめとしてつくり上げた価値観に、今のあなたが左右されるのはおかしいことです。

生命の原理は豊かさを志向していることを一時《いっとき》も忘れないでください。欠乏は生命の原理の作用不足ということで、あるべき姿ではないのです。

Murphy 48

「お金の悪口を言う人」をお金は嫌う

お金についての変な考えや迷信は、いっさい、あなたの心の中から一掃しなければなりません。お金を悪いものだとか、汚いものだというふうに考えては絶対いけません。自分の心が非難しているものは失うことになるのだ、ということを忘れないでください。

多くの人が今ぐらいのお金しかとれない理由の一つは、その人たちが心の中で、あるいは口に出してお金の悪口を言っているからです。そういう人たちはお金のことを「汚いお金」と言ったり、「金銭愛は悪のもと」などと言います。

お金は交換の象徴で、それはあなたを欠乏から自由にし、美と贅沢《ぜいたく》と豊富と洗練をもたらすためのものです。血液があなたの体を自由に循環している時、あなたは健康です。

ちょうど同じように、お金があなたの生活を自由に循環している時にあなたは経済的に健康です。国家においても、その成員のおのおのにお金がじゅうぶん循環している時にその国家は健康なのであって、その循環が乏《とぼ》しい時ははなはだ悪い状態なのです。ですから悪いのはお金が循環していないことなので、お金が悪いのでは全然ないのです。

お金は何世紀もの間、交換の手段としていろいろな形をとってきました。たとえば、美しい貝や、玉や飾り物などの時代もありました。人の富がその人の持っている羊や牛の数で決められていた時代もあります。米俵の数だったこともあります。金や銀だったこともあります。

今では貨幣やその他の流通証券を用いますが、これは勘定を払う時、牛や羊を連れたり、米俵を背負って歩くよりは、小切手を書いたり、クレジット・カードを用いたり、お札で払う方がずっと便利だからです。

米俵や牛、羊、金、銀が悪いものであるはずはないではありませんか。それは生命の原理によってわれわれ人間と同様、この世に形をとってつくり出されたものなのですから。

Murphy
49
希望する富はケチケチしたものではありません

あなたの潜在意識は、無限の富に連なっていることを忘れてはいけません。あなたは無限の富を潜在意識の中に持っているのですから、希望する富は、ケチケチしたものである必要はないのです。

あなたが間借りしているとします。そして家を欲しがっているとします。その時、あなたは大抵、十五坪ぐらいの家を頭の中に描くのではないでしょうか。

しかし、あなたはそんなにケチケチすることはないのです。ゆっくり体をくつろがせて、もっと豊かな想像をしてください。そして時々、散歩してくださ い。そうすれば住宅地には、きっとあなたの夢をそそるような家がいくつか見つかるでしょう。

住宅の雑誌をのぞいてください。そこにもきっとあなたがすてきだと思う家の設計が見つかるでしょう。このようなことを繰り返しているうちに、あなたの理想とするようなイメージが定着することでしょう。

そうしたら、それを方眼紙に書くのです。そして、その家がすでに建っていること、そこにあなたがすでに住んでいるところを想像してください。おそくても数年経つと、思いもよらない方法で、あなたはそういう家に住んでいることに気付いて驚かれるはずです。

雀を撃つ時、地上五十メートル先にいる雀でも、五十メートル先の枝にとまっている雀でも、その難しさには変わりありません。上だから当たりにくいということはないのです。

あなたが家を欲しいと思う時、その願望をかなえてやるにあたって、潜在意識にとっては、その家が小屋であろうと、堂々たる家であろうと、困難さに差はないのです。

志を高く持ちましょう。

常識に反するようですが、潜在意識の法則を知れば、大きい家を持つ難しさと、小さい家を持つ難しさは同じと言っていいのです。

Murphy 50

“夢の実現”に突き進めば、お金は後からついてくる

マーフィー博士がオーストラリアを旅行していた時、医者になりたがっていた少年に会いました。マーフィー博士はその少年が素質もよく、性格もよく、立派な医者になるだろうと思って援助してやろうと思いました。

しかし、マーフィー博士は彼に金を与えることをしないで、金と同じもの、つまり、必要なお金を自分に引きつける法を教えてやったのです。その少年は診療所の掃除、窓ふき、ちょっとした修繕の仕事をしていたのですが、金持ちの親類や知り合いもなく、金銭援助を与えてくれそうな人が現れる可能性は絶無のように見えました。

「土にまかれた種子は、必要なものをすべて自分に引きつけて成長するのだよ。君も植物の種子から教訓を学んで、必要な考えを君の潜在意識に播《ま》けばいいのだ。そうすれば君の考えは大宇宙から必要なものを引きつけて、具体的に実現

されずにはいないのだから」

マーフィー博士はこう言ってやりました。

そして、その少年は次のようなことをやり出しました。彼は医師免許状が壁にはってあり、それには大きな字で自分の名前が書いてあるところを毎晩眠りにつく前に心の絵に描きました。

そして自分の診療所で、その免許状の入っている額のガラスをみがいている自分の姿をも、心の絵にイキイキと描きました。

約四カ月も毎晩あくことなく、この心の絵を描き続けていると、はっきりした結果が出てきました。

そこの医者の一人がその少年のことをとても気に入って、器具の消毒の仕方や皮下注射のやり方、応急手当ての仕方を教えてから自分の病院の専門助手に雇い、その後、彼を医学校に入れてくれたのです。

そして、彼は今、カナダのモントリオールに開業していますが、自分の診療所で、自分の名前が書いてある医師免許状を見上げて、それは何年か前にオーストラリアで見たことのあるものだ、と言っています。

Murphy 51

〝貧しい炭鉱夫〟の息子が〝一流の外科医〟になれたワケ

マーフィー博士が知り合いになった外科医の話です。

この外科医はウェールズの炭鉱夫の息子で、父は低賃金であったため、この少年もはだしで学校に通ったぐらいでした。そして肉も大祭日以外は食卓にのぼることがありませんでした。

ある日、この少年は、外科医の手術によって友達の眼病が治ったのをみて感激し、父親に「外科医になりたい」と言ったのでした。

彼の父はこう答えました。

「お父さんはお前のために二十五年間も貯金してきて、今は三千ポンドもあるんだ。これはお前の教育のためなんだが、それよりもお前の医学の勉強が全部終わるまで手をつけないでおいた方がいいと思う。学業がすんだらハーリー街（ロンドンの一流の医者が集っていることで有名な通り）にでも立派な設備をした、いい診療所を開くために、それを使うというのはどうだろう。その間に利子もつくから、お前が使いたい時は、いつ使ってもいいんだよ」

　この父の暖かい思いやりと、配慮はこの少年をふるいたたせるにじゅうぶんでした。彼はそのお金は開業するまで手をつけないことを約束し、猛烈に勉強して医学の専門校に進学し、アルバイトしながら卒業しました。

　彼の卒業の日、父親は言いました。

「お乳さんはしがない石炭掘りをしてきて、それでどうなったわけでもない。銀行には一文もないし、今までもなかったのだ。が、お父さんはお前が自分の中にある無限の金鉱を掘りあてててもらいたいものだと願ったのだ」

　その若い外科医はあまりにびっくりして、しばらく何のことかわからないぐらいでした。

　しかし銀行に三千ポンドあると信じたことは、実際、持っていると同じ作用をして自分の目的を達成させたのだということを悟りました。外的なことは内なる確信の現れなのです。

Murphy
52
三カ月で収入が三倍になった

「持っている人にはなお与えられ、持っていない人からは、持っているものまで取り上げられるであろう」(ルカ伝十九章二十六節)

これは「富める者はますます富み、貧しき者はますます貧しくなる」という意味ですが、聖書の言葉とは思えぬほど残酷なひびきがあります。しかし真理です。

真に富める人というのは、思考することの持っている創造力について知っており、豊富と繁栄の思想を、絶えず強く潜在意識に刻印し続ける人です。すべての根源である心の限りない富に注意を払う人はますます富みます。地に落ちた一粒の種は、やがて数百の種を産むように、あなたの富の種(富の考え)は、やがてあなた自身の経験するところとなり、おびただしく倍加されて、その姿を現します。

マーフィー博士の知り合いの不動産業者は、はじめすべての物は限定されたものであり、特に国の富は大富豪たちの一族によって占められ、支配されていると考えて憤慨しました。

また、そういう社会だから、他人にきつい値切りを強要したり、買い占めて人を窮地におとしいれたり、人の無知や知識不足に乗じて得をしなければ成功できないと考えました。競争こそ勝利の道だと考えていました。

ところがマーフィー博士を通じて、富は無限であることを知らされたのです。他人のものを取り上げることなしに自分は何でも手に入れることができるのだと悟ったのです。競争よりも、人と協力して事を運ぶ道を選びました。

彼は「神の限りない富は、私がそれを使うのと同じ速さで私のもとに流れてくる。そして、だれもが日ごとに豊かになっていく」という祈りを三カ月唱え続けました。

その三カ月のうちに、彼の収入は三倍になったのです。心の富める者はますます富むのです。

4章
暗示の力は、どんな良薬よりも効果がある！

Murphy
53

潜在意識がある場合には、個人を超えて働くものだ

暗示療法などは、最近ではだいぶ有名になっています。ところが普通、暗示はそれを受ける人にしか効果はありません。暗示は潜在意識に働きかけるわけですから、潜在意識の本質を考えてみるならば、その影響が、当人でない人に出てもいいわけです。

ロンドンのキャクストン・ホール所長のイブリン・フリート博士の話です。ある男の娘が不治の皮膚病になるとともに関節炎の病気になりました。医者の治療も受けましたが、いっこうよくなりません。その父親は「私の娘が治ってくれれば、私の右腕をあげてもいい」と言いながら強烈に娘が治ってくれることを念じました。

二年ほど経ったある日、その家族がドライブに出かけて衝突事故を起こしました。その父親は右腕のところからもぎとられました。不思議なことに彼の娘

もそれと同時に、皮膚病も関節炎も治ってしまったのです。きっと二年間、その男が頭に描いていたことが潜在意識に受けとめられたのでしょう。

潜在意識は、自分で判断することを知りませんから、受け取った通りに実現したのです。それは祈っている男に実現したのみならず、違う人（この場合、彼の娘）にも起こったのです。これは潜在意識がある場合には、個人を越えて働くものだとしなければ説明できません。

ノーベル賞をもらった世界的外科医アレキシス・カレル博士も、このような不思議なことがときどき起こるものであることを認めています。

Murphy
54

潜在意識は人間の肉体と不可分の関係だ

私たちは最初に目に見えないような小さい受精卵から、誰が手を貸したのでもないのに、手足が出たり、目や耳ができたりして、現在の自分たちがあるわけです。

それをそうなるようにしたのは意識しない心、つまり潜在意識です。私たちの存在を可能にした潜在意識ですから、われわれの肉体の不調和である病気を治すこともできるはずです。ただ、潜在意識に働きかける、その方法が問題なわけです。

どんな宗教でも、奇跡は起こります。キリストも仏陀も、必ず奇跡を示します。これは、人間が深い宗教的な気持ちに満たされる時、意識する心が一時働くことをやめ、潜在意識がいわば露出して、直接それに働きかけることができると考えられるからです。

素人でも割に働きかけやすいのはイボです。イボを数えると治るといわれていますが、数えるから治るのではなく、「治る」と思っていて数えるから治るのです。

マーフィー博士も四十年以前も前に、医者も治すことのできなかった悪性皮膚病を祈りで癒《いや》したことがあります。

彼の祈りは次のようなものでした。

「私の肉体とその器官のすべては、私の潜在意識の中にある無限の知性によってつくられたものです。時計をつくった人がその時計の故障が直せるように、潜在意識の知恵も自分がつくった私の器官、組織、筋肉、骨などという、存在のすべての原子を変えて完全に治療してくれています。現在、治癒は起こりつつあることを私は知っており、それに感謝します。私の内なる『かの創造的知性』の働きは素晴しきかな」

マーフィー博士はこの祈りを一日二、三回、約五分ずつ、声を出して祈ったのですが、約三カ月して、その皮膚はすっきりよくなったのです。

Murphy 55

絶望的な肺癌も〝イメージ〟の力で治った！

私たちの意識する心は思うように潜在意識を操ることはできません。食事を食べて消化するな、といっても消化しますし、血液は自分の意志に関係なく体の中を循環します。

しかし、潜在意識を利用する方法がないわけではありません。それは意識する心でイメージをつくって、潜在意識に引きわたすことです。

南アフリカのヨハネスブルクの牧師さんは肺癌と診断されました。普通の医学では絶望的です。

そこでマーフィー理論を完全に実行しようと思いました。一日数回、必ず精神的にも肉体的にも完全にくつろぐようにしました。完全にくつろぐためのテクニックは、次のようなものです。

「私の足はくつろいでいる。私のくるぶしはくつろいでいる。私の脚はくつろいでいる。私の腹筋はくつろいでいる。私の心臓も肺もくつろいでいる。私の全存在は完全にくつろいでいる」

こうして五分もしますと、うとうとした状態になります。そうした状態の中で彼は、次のように言いました。

「神の完全性は今や私の肉体を通じて表現されようとしている。完全なる健康というイメージが今や私の潜在意識を満たしている。神が私に対して抱くイメージは完全なイメージである。だから私の潜在意識は神の心の中にある完全なイメージと完全に呼応して、私の肉体を創造し直すのだ」

この牧師さんは奇跡としか言いようのない治り方をしました。

あなたも病気でしたら、このテクニックを使ってください。この方法は医者や薬と少しも矛盾しません。

「汝《なんじ》が信じつつ祈りの中で求めることは、それが何であれ、汝に与えられるであろう」という聖書の意味もここにあります。

Murphy 56

〝くつろぐ〟技術があなたの精神と肉体の調和をもたらす

意識する心があれこれ考え、また筋肉が緊張している時は、潜在意識は働きにくい状態にあるわけですから、マーフィー理論を利用するためには、くつろぐ技術が重要になります。

そのためには、前にあげたヨハネスブルグの牧師さんのように、足の先から、一つひとつ筋肉にゆるむことを命じるのが効果的です。

まず右足の指先にゆるむことを命じ、次にくるぶし、ひざ、ももというふうに上にあがってきます。次に左足の指先から同じ工合にやります。次に性器、腸、胃、心臓、肺、首とあがって、さらに右手の指先、手くび、ひじ、肩と、順にくつろがせます。そして下あご（口が少し開くような気がします）、鼻、耳、目、頭と、順にくつろがせます。

なれてくると、三十秒ぐらいでできるでしょう。そうすると手もちょっともち上がらないような気がします。

そして、うとうととした気になり、目が覚めているのと眠っているのと中間ぐらいの気分になります。その時、自分のありたい姿を思い浮かべるのです。自分のあるべき姿を思い浮かべるのですから、気分はとても楽しく平和なはずです。

このようなくつろぎ方を一日何度もするのです。おうちにいる人ならいつでもできます。お勤めの人なら通勤電車の中で目を閉じながらできます。また家に帰ったら、食前に少し横になってもできます。それから眠る前には必ずやり肩がこるとか、頭が重いとかは不定愁訴《ふていしゅうそ》といわれているように、原因もすべて不定です。しかし、このようなくつろぎ方を根気よく繰り返していれば起こらずにすみます。

人間の心のあり方と肉体の状態が密接に関連し合っていることは昔から言われていましたが、最近でもサイコソマテック（精神身体医学）がますます重要視されています。このくつろぎ方は、あなたの精神のみならず、肉体にも調和をもたらします。

Murphy

57

「鰯の頭も信心から」か

日本には「鰯《いわし》の頭も信心から」ということわざがあります。鰯の頭でも心から信仰すればご利益がある、ということです。マーフィー博士の親類にもこんな話があります。

その人は老人性肺結核をやられて重症でした。そして、西オーストラリアに住んでいて、回復の見込みがなかったので、息子も家に帰ることになりました。しかし、この息子は信仰と潜在意識の関係をよく知っていました。そして、こう言いました。

「お父さん、私はヨーロッパの奇跡のよく起こる霊場から戻ったばかりの修道士にたまたま出会いました。この修道士さんは本物の十字架の一きれを持っておいでででした。無理にゆずり受けたので、五百ドルをその修道士に寄付しました。この本物の十字架に触れただけで、キリストに触れたと同じように奇跡が起こると言われているのですよ」

　と言って、木の切れはしの入った指輪を父親にわたしました。その時、七十四歳の父親は、この思いがけない息子の親孝行に感激し、その指輪をひったくるように胸に抱きしめて、静かに祈ってから眠りについたのです。そして翌朝、目が覚めた時、すっかり丈夫になった気がしました。そして病院の検査でもすべて陰性であることがわかりました。

　ところが本当のことを言えば、息子が持ってきたのは本物の十字架の切れはしなどではありませんでした。彼は道端から木の切れはしを拾い上げ、宝石店に行って、本物らしく指輪にそれを入れさせたのです。

　このように彼の持ってきたお土産はインチキでしたが、その父親に与えた治《ち》癒《ゆ》は本物でした。父親はその後、全く再発せず、さらに十五年生きて八十九歳で亡くなりました。

　昔からの奇跡話にはウソもあったでしょうが、本物の治癒も多かったことは、この話からでもおわかりでしょう。要するに潜在意識を動かすことができればいいのです。

Murphy 58

〝マイナスの感情〟を脇にどかせる催眠療法

催眠術を病気の治療にはじめて使ったのが、ドイツ人フリードリッヒ・アントン・メスメル（一七三四―一八一五）であることはよく知られています。彼は一七七八年にパリに診療所を開いたのですが、これは普通の病院の診療室とは全く違っていました。

それは高価な絵や、クリスタル・ガラスを使った装飾、時計もロココ風、床には厚いペルシャじゅうたんといった、当時としては王侯貴族の屋敷のような豪華な部屋でした。

その部屋のまん中には、大きな丸い桶が置いてあり、そこから鉄の棒が何本も突き出ていて、患者がそれを握ります。すると部屋の片隅にいる楽団が単調な音楽を演奏する。

そこへ豪華なよそおいをしたメスメルが登場し、音楽に合わせて患者のまわりを回りながら患部に手を触れるのです。患者はぼーっとしています。そのうち音楽がやみ、いつの間にかメスメルの姿も消えています。ふと患者が気がつくと病気は治っているという具合いでした。

メスメルは、これは「動物磁気」によるものであると言っており、この治療法はメスメリズムと呼ばれました。もちろん、今日の科学から見れば、これは根拠のないインチキです。しかし治癒率は実際に非常に高く、国王ルイ十六世までよくかかったと言われています。

このメスメリズムは、今日でいう催眠療法です。そして催眠療法とは、とりもなおさず、あなたの意識する心をぼーっとさせて、潜在意識に直接働きかけることを意味します。

意識する心は判断する心ですから、それが働いている時は、暗示を受けても「そんなことはあるまい」と判断したりします。それで潜在意識は意識する心の判断に従ってしまうわけです。ところが判断する心がぼーっとなっている時は、潜在意識は暗示を受け入れます。そして受け入れたことを潜在意識は必ず実現するのです。

Murphy

59

病気の恐怖や憎しみ、嫉妬、そねみは直ちに心の中で打ち消せ！

人間の細胞はたえず入れ変わっています。医学の教えるところによれば、人間の体は十一カ月ごとに建てかえられるとのことです。ですから肉体的見地から見ると、あなたも生後十一カ月に過ぎず、また十一カ月後には「復活」することになるのです。

だから心配、嫉妬などによって体の調子を狂わせたり、病気になるとすれば、あなたの意識する心の責任です。マーフィー博士はポット氏病（脊椎《せきつい》の結核）にかかったインディアナポリス市のアンドリューズ少年に関する驚くべき例をあげています。

この少年は医者には不治だと言われたのですが、一日何度となく繰り返し繰り返し、「自分は健康で頑強で愛情があり、調和的で幸福なのだ」と肯定しました。そして、この祈りは彼が、夜、眠りに入る時、最初に口にする言葉であり、朝、目が覚めた時、口に出る最初の言葉でした。

彼は自分の考えを愛と健康に向け、その考えを送り出すことによって他人のためにも祈ったのです。自分の病気に対する恐怖や、憎しみ、また健康な人に対する嫉妬やそねみの心が浮かんできた時、彼はただちに心の中で打ち消し、愛と健康に心を向け直しました。

彼の体をつくった万能の潜在意識は、ついに彼の習慣的な考えの性質に応じてくれたのです。つまり彼の意識する心がつくった設計図に応じて、彼の体をつくり直してくれたのです。

このようにして、両足が不自由だった少年は頑丈で、姿勢の正しい均整のとれた青年になったのです。

これこそ、聖書(マルコ伝十章五十二節)に書いてある「汝《なんじ》の道を行け。汝の信仰が汝を癒《いや》したのだ」という言葉の意味なのです。キリストが「癒す」と言った時、それは象徴的に何かが癒えるのではなく、具体的に肉体の病気が癒えたのです。

Murphy 60

奇跡を引き起こす就寝前五分間の〝瞑想術〟

マーフィー博士の講演に来ていた青年は、ひどい眼病にかかっていて、医者は手術が必要と言っていました。

しかしマーフィー博士の話を聞いて、「私の潜在意識が私の目をつくったのだから、それを治すこともできるはずだ」と思うようになりました。

毎晩眠りにつく時、彼は、うつらうつらとした瞑想的な状態になった時、彼は自分のかかっている眼医者が自分の前に立ち、自分の目を検査して、「奇跡が起こった」と言うのを聞くことを想像しました。毎晩、これを就寝前の約五分間、何度も何度も聞きました。

三週間後、彼は自分の目を検査してくれた眼医者のところへ行きました。すると、その医者は彼に向かって「これは奇跡だ」と言いました。つまり、奇跡的に治ったのです。これはどういうことなのでしょうか。

彼の潜在意識が彼の目をつくったのです。その中には当然、完全な原型があるわけなのです。彼のやったことは、潜在意識に働きかけて、その原型によって働き出すようにすればよかったのです。

彼は潜在意識に「絵」を送り込んで、それを刻印しようと思ったのでした。反復と信念と期待とによって、自分の医者が「これは奇跡だ」と言っている情景を絵にして送り込み、その声を聞いたわけなのです。潜在意識は絵にして送り込まれた祈りに対しては、特によく反応を起こすのです。

元来、潜在意識の中には調和の先天的原理が内在しているのですから、健康が正常なのです。それで正常に戻ったわけです。

Murphy

61

“ゆがんだ考え”を除去すると、活力・健康・美が満ち溢れる！

数学の問題には通常、正解は一つです。ところが、すべての数学の先生が体験しているように、生徒の解答は実に種類が多く、よくもこう考えられるものだというほど、いろいろな間違いをしています。

このように正解は単純に一つなのに、間違いの方は無数にあるということは、数学の原理はあるけれども間違いの原理はないことを示しています。同じように真理の原理はあっても虚偽の原理はなく、知性の原理はあっても無知の原理はないことを示しています。

健康も一つしかないのに、病気の種類が無数にあることは、数学の正解は一つなのに、間違いの種類は無数にあるのと同じです。つまり健康は真理なのです。つまり健康があるべき姿で、潜在意識は元来、健康を指向しているのです。

したがって、祈りも、この原理を肯定するだけで、奇跡的なことを起こすことがあります。

マーフィー博士の妹のキャサリンさんが英国で胆石除去の手術をすることになりました。病院はもちろんレントゲンやいろいろな検査で、そう診断を下したのです。

その時、地理的に遠く離れたところにいたマーフィー博士は、妹さんの病状や、その他の具体的なことを考えることはやめて、原理を肯定する祈りを数百回捧げました。

「キャサリンは今、くつろぎ、平静で晴朗で穏やかな気持ちでいます。彼女の肉体を創造した潜在意識の治癒《ちゆ》力ある知性は、今や彼女の潜在意識の中におかれている全器官の完全な型に従って、彼女の体のすべての細胞や神経、組織、骨を変えています。彼女の潜在意識の中のゆがんだ考えの型は音もたてずに静かに取り除かれ、消滅させられ、そして生命の原理から発する活力と健康と美が彼女の体のすべての原子に顕現されます……」

そして二週間後に検査してもらったところ、彼女は全治し、手術は不要になりました。

Murphy 62

病気とは〝不健康な心の絵の影〟である

未開人やきわめて幼稚な人を信じさせるには理屈による説明は不要です。しかし、近代科学を知っている人は、その信じることが理に合わなければ信じることが難しいのです。

この点に注目して大きな効果をあげたのは、アメリカのクインビー博士です。彼は精神療法の草分けの一人ですが、彼の用いた方法は、知性的な患者を治療しようという時は、その患者と潜在意識に関して徹底的に論争して、潜在意識の本質を患者に納得してもらうのです。そうした上で祈りについて指導したのでした。

彼はすべての治癒《ちゆ》の基礎は信念を変えることにあるということを病人に話しました。潜在意識は人の肉体と、その全器官を創造したのですから、潜在意識は治癒する方法も知っているし、治癒することもできるし、今このように話している間にも治癒しているのだということも指摘してやります。内なる治癒力は最初に全器官を創造し、その中の全細胞、神経、組織の完全な型を持っているのだから健康があるべき姿なのであり、唯一の原理なのだということを証明します。病気とは病気でいっぱいになった不健康な心の絵の影であることを指摘します。

こうすると自然科学的思考の洗礼を受けた病人も、宇宙の真理に新しく目覚め、自分が信じ、祈ることも科学に反する迷信ではないのだということを納得します。

このようにして、病人は古い考え方から解放されるのです。そして唯一つの精神しかないのですから、施術者が信じていることが患者の体験にも復活します。

クインビー博士は、両足の悪い人を突然歩かせるなど、まさにキリスト級の治癒を実現してみせたのでした。

Murphy 63

「病は気から」のワケ

単細胞動物であるアメーバなどを注意深く観察してごらんなさい。

単細胞動物は、器官を持っていないわけですが、運動・栄養吸収・同化・排《はい》泄《せつ》などを行っています。そこにはそういう行為を起こさせる精神的作用、反作用があるという証拠をみることができます。

また人間の目や耳、心臓、肝臓、膀胱《ぼうこう》、細胞の組織を見ると、集団的知性を持つ細胞からなり立ち、その集団の知性によって協力し、また首領（意識する心）からの命令を実行しているのです。

個々の細胞や器官は放っておいてもちゃんと働く知性の支配下にあるのですが、ただ困ったことには、意識する心が介入し、誤った信念から、恐怖などを持ち込んで混乱させるのです。

恐怖とか、誤った信念とか、否定的な型があなたの潜在意識の中に持ち込まれると、完全に受け身な潜在意識は自分に与えられた設計図の仕様書どおりにするより仕方がないのです。

たとえば、多少敏感な人は、何かを食べて「お腹をこわすのではないか」と思っただけでも下痢になることが知られています。それほど意識する心の否定的考えは、潜在意識の活動を狂わせてしまうのです。嫉妬とか、恐れとか、心配とか、不安などの思いは神経や内分泌腺をおかしくしてしまうのです。

私の知っている人にサシミを食べると、すぐおなかをこわす人がいました。それでも好きでよく食べるのですが、その後、必ず整腸剤を飲むのでした。ある時、その人が私といっしょにスシを食べました。私は「僕もスシを食べるとお腹がゆるむので薬を飲むことにしているんだ」と言って、ドイツ製の薬を飲み、彼にもあげました。彼はそれを飲んで、翌日、お腹は何ともなかったと言いました。しかし実は、それはドイツ製の口臭どめにすぎず、胃腸とは何も関係ない薬だったのです。

「病《やまい》は気から」というのは、こういう潜在意識が心配という意識する心に支配された状態をさすのです。

Murphy 64

快復のための祈りは時間・空間を簡単に超越する

潜在意識は一つしかありません。世界を創造した心は一つしかありません。そして、それには時間も空間もありません。

あなたを通して作用するものも、あなたのお母さん（お母さんに限らず、だれでもいい）を通じて作用しているのも、根本的には同じ心なのです。

マーフィー博士の話を聞いたロサンゼルスの一女性は、ニューヨークで冠状動脈血栓症になっているお母さんのために、次のような祈りをしました。

「この癒《いや》す力はちょうど私の母のいるところにあります。母の体の状態はスクリーンに投影された影のように、彼女の思念生活の反映にすぎません。スクリーンの絵をかえるためには映写フィルムを変えなければならないことを私は知っています。私の心が今、母の映写フィルムになります。私は心の中に調和と無欠と完全なる健康の絵を投影します。母の体とその全器官を創造した無限の治《ち》癒《ゆ》力が、今や彼女という存在のすべての原子にしみ通り、平和の川が彼女の肉体の各細胞を通って流れていきます。医者は万能の知恵に導かれて母に正しい手当てをします。病気というものには究極的実在性はなく、不調和であることを知っています。私は今や愛と生命の無限の原理と手をつなぎます。今や調和と健康と平和が母の肉体に現れつつあることを知り、かつ、そうなることを命じます」

彼女は一日数回、右のような祈りをしたところ、彼女の母は数日後にきわめてめざましい快復をして、担当の専門医を驚かせました。

娘の意識する心の結論によって、潜在意識は時間と空間を超える創造活動を起こして、それが彼女の母の肉体を通じて顕現したのです。祈りが祈られているることを知らない他人にも効くことが現実に起こることがあることは、知られていながら、じゅうぶんに説明されたことがありません。しかしマーフィー法則は見事にこれを説明してくれます。

5章

成功したければ成功者の真似をしろ！

Murphy

65

「俺のやることはうまくいくんだ」

マーフィー博士がある時、売上げ不振で財務状態もたいへん悪く、大いに煩《はん》悶《もん》していた実業家に、会社に行ってゆったりと椅子に座り、静かに「売上げは毎日よくなっていく」という言葉を何度も何度も繰り返すように勧めました。

その実業家はこれを実行しました。この簡単な言葉は意識する心と潜在意識を協力させることになったのです。いろいろな新しいアイデアや運のいいことがそれに加わり、祈った言葉通りのことが実際にも起こりました。

「そんな簡単な祈りでうまくいくぐらいなら世の中に苦労はねえや」という人も多いと思います。

そういう人が多いから、世の中には困っている人が多いのです。あなたは本当に繁栄している人と直接会って話したことがありますか。そういう人に共通なのは、驚くほど簡単な祈り方を知っていることです。そしていつでも、「俺のやることはうまくいくんだ」と思っている。

そういう人は、難しい場面に出会っても心の平静さを失わない人です。結局、自分の関係した物事はうまくいくのだという深い信念があるのですから、次から次へとうまい考えが浮かんでくるし、また都合のいいことが起こったりするのです。

これに反して成功しない人はすぐ逆上してしまいます。態度に出ないまでも、心の中はすっかり乱されてしまい、暗い方へ、暗い方へと想像が走ります。潜在意識はもちろん、そういう暗い感じを引き受けてしまうのです。そうするとその人には、実際心配したようなことが起こります。

Murphy 66

〝成功者〟は、共通の〝これ〟をしていた

石油王フラグラーは、自分の成功の秘訣は自分の計画が完成したところを見る能力であると自認しています。

彼の場合、目を閉じて巨大な石油産業を想像し、汽車がレールの上を走るのを見、汽笛の鳴るのを聞き、煙を見たのでした。自分の祈りがかなえられたところを見てそれを実感すると、彼の潜在意識はそれを実現してくれたのです。

目的物をはっきり想像すれば、自分の知らない方法で、潜在意識の奇跡を起こす力を通じて必要なものの給与を受けるのです。

あなたが名前を知っているような実業家、あるいはそれほど有名でない人でも、繁栄している事業をやっている人は、その事業が繁栄しているところを頭の中に描き続けて、それが実現している光景を潜在意識に前から送り込んでいた人たちです。そして完成した仕事の絵に引きつけられるように、その方に向

かって進んでいった人たちです。

また偉い学者になった人も長い間、低給の助手時代があったはずです。学者になるくらいの人なら頭は悪くないはずですから、ほかの仕事をいろいろ探せばあったに違いないのです。にもかかわらず、結婚もできないような低給をさほど不満にも思わず、衣食を節して本など買って勉強するのはなぜなのでしょうか。

そういう人たちは、自分が偉い学者になって、自分の研究している姿や学生に講義している姿が目に見えるからなのです。あるいは自分の研究が雑誌や本になって、同じ学問をしている人に読まれ、批評されたりする場合のスリルが感じられるからなのです。

どの分野でも一かどの仕事をしている人は、その活動をあらかじめ自分の心の中で見た人であることを忘れないでください。

Murphy

67 「上手な役者」になり切って

もう三十数年前のことですが、マーフィー博士の知っている若い薬剤師で、一週四十ドルの固定給と売上げの歩合《ぶあい》をもらっている人がいました。「二十五年やれば退職します。恩給もつきますますから」とマーフィー博士に言いました。

博士はこう答えました。

「どうして自分自身の薬局を持とうとしないのですか。この場所から出なさい。あなたの願望の水準をあげなさい。自分の子供に対して夢を持ちなさい。息子さんは医者になりたいと思うかもしれないし、娘さんは音楽家になりたいと思うかもしれませんよ。そのためには、あなたの給料ではじゅうぶん勉強させてやることができませんよ」

その男は、「私にはまとまったお金がないので、自分の店は持てないのです」と答えました。

そこでマーフィー博士は万能なる潜在意識について説明し、ある考えを潜在意識に送り込むことができるなら、潜在意識はその考えを何とかかんとか実現してくれるものであるということを彼にわからせてやりました。

その薬剤師は自分自身の店にいるところを想像し始めました。彼は心の中で瓶を並べたり、調剤したり、数人の店員が自分の店で客の用を聞いているところを想像しました。そして銀行にも多額の預金ができたところを想像しました。彼の心はその想像上の店で働きました。上手な役者のように、その役になり切って生活しました。そうであるように振舞っていると、そういう人間になるのが潜在意識の法則です。

そのうち、この薬剤師は勤め先をくびになり、新しいチェーン・ストアに就職し、その後、支配人となり、さらにその地区一帯の地区支配人に抜擢《ばってき》され、気が付いた時は自分のドラッグ・ストアを始めるお金が銀行に預金されていました。

そして、自分の店に「夢の薬店《ドリーム・ファーマシー》」と名づけ、だれにも認められる成功者になりました。

Murphy 68

〝想像上の会話〟の、こんなすごい効能！

ドイツの大文豪ゲーテは難しいことや、困ったことに直面した時、彼は何時間も静かに想像上の会話をよくやったということを伝記作者は伝えています。つまり何か問題があった場合、自分の友人がいつもの身ぶりや口調で正しい、適切な答えを出してくれるところを想像したのです。

しかもゲーテは、この全情景をできるだけ現実的に、またイキイキとしたものにしたのです。

若い株屋さんがこの話を聞き、さっそく証券の販売にゲーテの方法を応用しました。彼は億万長者の銀行家の知り合いがあり、この人に賢明で健全な判断を下したと喜ばれ、いい株を買ってくれたとほめてもらったことがありました。それで彼は、この銀行家との心の会話、想像上の会話をすることにしました。何か問題が起こると、彼はこの銀行家と想像上の会話をイキイキとやり、この人にほめてもらうような判断に到達するところを心の絵にして見ました。

この若い株屋さんの心の中の対話法は、自分のお客さんのために健全な投資を勧めるという彼の目的に大変よく合ったものでした。

彼の人生の主要目的は、自分の顧客のためにお金をもうけてやること、つまり、その人たちが自分の勧めによって、金銭的に繁栄するのを見ることでしたから。

彼は今もなお、自分の仕事に対話法によって潜在意識を用いています。このようにして彼は自分のお客さんたちに莫大なもうけをさせてやったばかりでなく、当然のことながら証券セールスマンとして輝かしい成功者になり、自分も百万長者になっています。

Murphy

69

自分が確実に成功した状態を想像する習慣を

一日に何度も「成功」という抽象的な単語を静かに繰り返すことによって、ついに「成功」は自分のものだという確信に到達し、これによって大実業家になった人がたくさんいます。

そういう人たちは「成功という考え」が成功に必要な要素をいっさい含んでいるということを知っているのです。

こういう人たちのように、あなたも自分に向かって信念と確信をもって、「成功」という言葉を今晩からでもすぐに繰り返し始めてください。あなたの潜在意識はそれがあなたに関して本当であると受け取ります。そうすると、あなたは潜在意識によって成功せざるを得ないように強制されるのです。

あなたは自分の主観的な信念、印象、確信を持続し続けると、それは客観的、具体的に表現されざるを得ないのだということを片時も忘れないでください。

あなたはきっと、自分の家庭生活においても、社会生活においても、交友関係においても、経済関係においても、きっと成功者でありたいと願っていることでしょう。自分の美しい家で、快適に幸福に生活するためのじゅうぶんなお金を持ちたいでしょう。あなたは生きる実業にたずさわっているわけですから、ある意味の実業家でもあります。

自分の好きなことをやり、欲しいと思うものを持つ、成功した実業家になりなさい。想像力を豊かに持ち、心の中で自分が現実に成功した状態に入りなさい。そうして、それを習慣とするのです。

毎晩、成功感にひたり、完全に満足して眠りにつけば、そのうち自分の潜在意識に成功の考えを植えつけることに成功します。自分は成功するように生まれついていると想像し、そう感じてください。そうすれば、あなたの祈るような奇跡があなたに起こります。

6章

寝ても覚めても潜在意識を働かせなさい！

Murphy 70

〝よい眠り〟があなたの潜在意識を働かせる

なぜ人間は眠らなければならないのかについては、単なる医学者や生理学者からはじゅうぶんな解答が出ません。

多くの人は、人は昼に疲れるので、体を休めるために睡眠するし、眠っている間に回復作用が起こると言っています。

本当でしょうか。眠っている時に休んでいるものはほとんどありません。心臓も、肺も、肝臓も、いっさいの重要な器官は寝ている間にも働きます。眠る前に食べた食物は眠っている間にも消化され吸収されますし、皮膚は汗を分泌し、爪や髪は休みなく伸びます。

ジョン・ビゲロー博士は睡眠中にも人間の重要な機能は休むことがないことに注目して研究した結果、人間が眠らなければならない主な理由は、「私たちの魂の比較的高級な部分が、超脱によって、高級な性質と一体になり、神々の知恵と予知に参加する」ためであると結論しています。

ビゲロー博士は、また、

「私は自分の研究の結果、睡眠の最終目的は、普通考えられるように、日常の労働や活動をしないでいることではない、という私の信念が強められたのみならず、人間の生活のうち、睡眠に入って、この現象界から切り離される時間ほど、釣り合いの取れた完全な精神的発展に必要欠くべからざるものはないと考えられるべきだ、という確信がさらにはっきりしてきた」

と言っています。

よく眠れるということは、あなたの潜在意識によりよく頼ることです。病人が眠っている時の方が治癒《ちゆ》が早いのは、意識する心からの邪魔が入らないので、潜在意識がよりよく働けるからです。

Murphy
71

〝就寝前三十分間〟と〝目覚めの十分〟を大切に！

私たちの意識する心は、日中、起きているときは、絶えず心配や、争いごと、論争などに巻き込まれています。ですから感覚器官からなだれ込んでくる資料や情報を定期的に遮断し、外の世界から退《しりぞ》いて、潜在意識の内なる知恵と静かに交流することが絶対に必要です。

このように感覚器官を通じて入り込む刺激や情報、日常生活の喧噪《けんそう》や混乱から定期的に退くことが睡眠の意味です。つまり、睡眠中あなたは五官の世界に対して眠り、潜在意識の知恵と力に対して目を覚ますのです。

戦国の武将は血なまぐさい戦闘の間の少しの時間を見つけては茶の湯をたしなみました。現代の大実業家も、一日のうち何十分かを、茶や宗教的つとめなどにとっておき、外界から自分を切り離します。

人間は、よく考え、よき知恵を得るためには、宇宙の心にひたる時間が必要です。

あなたが今日からすぐに茶の湯を始めたり、仏間に閉じこもる必要はありません。人間の睡眠は、自分を外界の喧噪から切り離す最も完璧な形式ですから、就寝前の三十分と、目が覚めてからの十分間を特に大切にしていただきたいと思います。

床につく少し前から心をくつろがせ、万能全知の潜在意識と交流する心がまえをつくり、体もくつろがせて願望と祈りを明らかに心に描いて、平和な心で眠りにつかなければなりません。

独身の人は自分の心がけ次第でできますが、結婚生活者は、配偶者にもこの心がけがないといけません。

いい配偶者を得ると人生の質が倍よくなり、悪い配偶者を得ると、祈りを実現することがきわめて難しくなります。その場合は、それぞれの人が、生き方から工夫をしていかなければなりません。

Murphy 72

決断に迷ったときは、潜在意識に頼る

たいていのことは、意識する心が判断できます。しかし時にはどうしていいかわからないことがよくあるものです。そういう時は、時間を超越し、未来も過去もない全知の潜在意識の指示を受けるようにしてください。

マーフィー博士の話を聞いていた、ある若い婦人が、今の二倍の月給でニューヨーク市で有利な仕事を提供されました。この婦人はロサンゼルスにいるので、東部へ行くべきかどうか、かなり迷いました。

そして今いる会社と新しく仕事を提供してくれるという会社をくらべてから、眠る前に次のように祈りました。

「私の潜在意識の創造的知性は、何が私にとっていちばんいいかを知っています。それは常に生命を志向しており、私にも私の関係者にも祝福となるような、しかるべき決定を私に示してくれるでしょう。その答えが必ず私に現れることを信じ、それに感謝します」

彼女は眠りに入る前、子守唄のように、この簡単な祈りを何度も何度も繰り返しました。そして朝になった時、その新しい仕事を引き受けるべきでないという執拗《しつよう》な感じがあったので、彼女はその仕事を断りました。

それから引き続いて起こった出来事は、彼女の内なる知覚が正しいことを証明してくれました。

というのは、彼女に今の二倍の給料を提供してくれた会社は、その数カ月後に破産してしまったからです。

意識する心は、客観的に知られている事実については正しい判断ができますが、潜在意識は、未来を見て、それに応じた忠告を彼女に与えたのでした。決断に迷うことがあったら、あなたの潜在意識に頼りなさい。

Murphy
73
マーフィー博士の〝こんな体験〟

潜在意識に正しい行動がとれるように眠りにつく前に祈ると、その祈りに応じて、潜在意識の知恵はあなたに正しい指示を与えて保護してくれます。マーフィー博士自身の体験を紹介しましょう。

第二次大戦前、博士は東洋で非常に有利な仕事につかないか、と言われたとき、博士は導きと正しい決断を求めて次のように祈りました。

「私の内なる無限の知性はすべてを知っていますので、正しい決断が神の秩序に従って私に示されます。その答えが表れたら私はそれを認めます」

博士はこの簡単な祈りを、眠りにつく前、子守唄のように何度も繰り返しました。すると、夢の中に、それから三年後に起こることが、イキイキと現れたのです。

博士の古い友だちが夢の中に現れて、「その新聞（ニューヨーク・タイムズ）の見出しを読め。行くな」と言うのです。

夢に現れた新聞の見出しの文句は、戦争と真珠湾攻撃に関するものでした。この頃は、日本の軍部ですらも真珠湾攻撃を計画していなかったのですから、潜在意識は、当時、だれの頭の中にもなかったことまで知っていたことを示します。

そして潜在意識はドラマを仕立てて、博士が信頼し、尊敬する人物が夢に出して、博士を引きとめたのです。博士はよく正夢を見られたそうです。

警戒信号として夢にお母さんが現れる人もあります。夢枕に立ったお母さんが、そこへ行くな、とか言ってくれるのです。

あなたの潜在意識は全知ですから、これに頼って指示を受けていると、目が覚めた時に出てくるアイデアや夢などが正しい導きとなります。

Murphy 74

〝成功者に共通する枕もとのメモ用紙〟

マーフィー博士の指導を受けていた人の報告によると、ハンマーストローム氏というピッツバーグの製鋼所で働いている圧延工は、夢の中で設計図を見、それによって多額の賞金を得て新聞種になりました。

彼の会社に新しく据えつけられた鋼棒圧延機の鋼棒を、冷却床に送るのを制御するスイッチが、うまく働かないのですが、技師たちはそれを直すことができませんでした。技師たちは、このスイッチを十一、二回も修理しようとしたのですが、ダメでした。

ハンマーストローム氏は、この問題を大いに考え、うまくいくような新しいデザインを考え出そうとしましたが、どの試みも失敗しました。

ある日の午後、彼は横になって、ちょっとうたた寝をしようと思いました。そして眠りにつく前に、例のスイッチの問題の答えについて考え始め、そのまま寝つきました。

彼は夢を見ましたが、その夢の中に完全なスケッチの設計が描かれていたのを見ました。目が覚めた時に、彼は夢で見た下書きに従って新しい設計図を描きましたが、これがすばらしい成功だったのです。

このうたた寝のおかげで、ハンマーストローム氏は、一万五千ドルの小切手をもらいましたが、これはその会社がそれまで社員の新しいアイデアに支払った最高額の報酬でした。

成功した実業家、学者、設計者などは、このため、いつもメモ用紙を枕もとにおいて書きつけています。湯川秀樹博士のノーベル賞を受賞した研究も、睡眠中のアイデアに負うところが大であったと聞いています。

Murphy
75
潜在意識は、実は〝記憶の宝庫〟である

学業において困難を感じたり、成績が悪かったりするのは、純粋に知能の問題、つまり早発性痴呆などであることはほとんどなく、潜在意識の力に頼れば、割と簡単に解決できます。

マーフィー博士の知っている高校の少年も、成績が悪く、記憶の悪いことをひどく気にしていました。それで潜在意識に関するいくつかの真理を、一日何回も肯定することを教えてやりました。特に潜在意識に働きかけるのに一番よい時である眠りにつく前と、朝、目を覚ました後にやるようにさせました。

この少年が肯定して潜在意識に送り込んだ考えの内容は、次のようなものでした。

「私は自分の潜在意識が記憶の倉庫であると悟ります。私が読んだり、先生から聞いたことをすべて覚えておきます。私は完全なる記憶を持っています。そ

して潜在意識の中の無限の知性は、筆記試験であれ、口頭試験であれ、どんな試験の時も、私が覚えていなければならないことをすべて私に示してくれます。私はすべての先生、すべての級友に愛と善意を放射します。私は心から彼らに成功とよいことを祈ります」

というのでした。

この祈りが潜在意識に浸透するに従って、彼の記憶力は強くなり、また先生や級友との関係もよくなりました。そして成績は全優になったそうです。

われわれは物を忘れることがあります。そして、また思い出します。忘れていた間、その記憶はどこに行ったかといえば潜在意識に行っていたのです。潜在意識はどんなことでも忘れることはないのです。ただ意識する心に出にくくなるだけなのです。ですから潜在意識に対する信頼が増せば、記憶も当然よくなるのです。

Murphy

76

不動産が即日、買い手がついたのは

あなたが土地を売りたい時、どうしたらいい買い手が見つかるでしょうか。マーフィー博士ご自身の体験を紹介しましょう。アメリカでは日本と違って、土地は売る方が難しいとされている国です。

マーフィー博士は自宅の前の芝生に「売家・所有者」という立札を立てました。翌日眠りにつく時、博士は「この家が売れたらどうしようか」と心の中で言いました。その後、自分の問いに答えて、「私はあの立札を引き抜いて、ガレージに投げ込むだろう」と言いました。

博士は想像の中でその立札をつかんで地面から引き抜き、肩にかついでガレージに行き、それを床の上に投げ、ふざけて「もう君には用がないや」と、その立札に言いました。

博士は事が済んだという実感がして、そのことに内なる満足を感じました。

その次の日に、一人の男が博士に千ドルの内金を置いて、「ご相談に応じましょう」ということで、きわめて有利な取引きが成立したのです。アメリカで家を売るということは大変なことで、捨て値みたいにしても買い手が現れず、半分、化物屋敷みたいになることが大変多いのです。売札を出した翌日に売れるということは奇跡に近いことといっていいでしょう。

この満足すべき取引の交渉が済んでから、博士は例の立札を引き抜いてガレージに持っていきました。かくして外界の行為は心の中の行為に一致したのです。

これは何も新しいことではありません。「内のごとく、また外も」という言葉通りです。

つまり潜在意識に刻印された絵に応じて、生活という客観的な外界の映写幕に写し出されるという意味なのです。外界のことは心の中を写し出す鏡です。外の行為は内の行為に従って起こるのです。

Murphy

77 あなたの物件は必ず誰かが欲しがっている！

家や土地、自動車など売りたい時は、ゆっくり静かに実感しながら、次のように肯定しましょう。

「潜在意識の無限なる知性は、この家を欲しがり、またこの家に入れば栄えるような買い手を私に引きつけてくれます。このような買い手は、けっして誤りを犯さない私の潜在意識の創造的な知性によって、私のところに送られてこようとしています。この買い手はほかにもたくさん家を見ることでしょうが、彼が欲しくて買うのは私の家だけです。というのは、彼の内なる無限の知性が彼を導くからです。私はその買い手にふさわしく、売買の時もふさわしく、値段もふさわしいことを知っています。これに関してはすべてがふさわしいのです。私の潜在意識の深層の流れは今や働き始め、私たち両者を神の秩序に従って引き合わせてくれます。私はそうなることを確信しています」

私が求めているものは、同時にあなたも求めているのだということを決して忘れないようにしましょう。あなたが家とか、その他の財産を売りたい時は、常にあなたの売りたいものを欲しがっている人がだれかいるのです。あなたの潜在意識の力を正しく使うことによって、売買の際に起こる競争意識とか、危《き》惧《ぐ》の念をすっかり心の中から追い出すことができます。

しかも、このテクニックは、一度成功するとますます成功しやすくなります。マーフィー博士がご自分の家を売りに出した時、翌日にすぐ買い手がついたのはその顕著な例です。

Murphy 78

偉大な発明・発見は突然のひらめきから

意識する心の考えたことをすべて受け入れて、眠っている間でも休まず、二十四時間働き続けるのが潜在意識の働きです。

ですから、科学者が偉大な発明や発見をするのも、この助けによることが多いのです。意識する心で考え尽くして解決できないことは潜在意識に引きわたすのです。

すると潜在意識は、今まで意識する心から与えられた情報をうまく組み合わせて正解を与えてくれるのです。

有名な化学者フリードリッヒ・フォン・シュトラドニッツも潜在意識を用いて画期的な化学の進歩に貢献したのです。彼は長い間、いっしょうけんめいにベンゼンの化学式の六個の炭素と六個の水素の配置換えをしようと努力していました。しかし彼はたえず行き詰り、それを解決できないでいました。疲労困憊《こんぱい》して、彼はその問題をすっかり潜在意識に引きわたしてしまったのです。

その後間もなく、彼がロンドンのバスに乗り込もうとした時、彼の潜在意識は意識する心に、蛇が自分の尾を噛んだ火輪花火のようにくるくる回っている光景を突然、ひらめかせたのです。この潜在意識から来た答えによって、彼は原子を環状に配列するという、長い間求めていた答えを得たのでした。これが今、ベンゼン環として知られているものです。

バスにシュトラドニッツが乗ろうとしたとき、ひょっと意識する心の働きが切れたのでしょう。その切れ間からすでに問題を解決していた潜在意識は、その答えをひらめかせてくれたのです。このように解答は電光のように、予期しない時に起こります。

Murphy 79

世界的数学者・岡潔博士の体験

意識する心が考え抜いて、どうにもならなくなってからも、潜在意識は働き続けて、答えを与えてくれることがあります。

このような体験を語っている貴重な記録に、日本の世界的数学者で、文化勲章受章者である岡潔《おかきよし》博士の『春宵十話《しゅんしょうじゅうわ》』があります。

先生がある大きな問題に取りかかられた時、最初の三カ月は解決の糸口がどうしても見つからず、もうどんなむちゃな試みも考えられなくなってしまい、それでも無理にやっていると、はじめの十分間ほどは気分が引きしまっているが、後は眠くなってしまうという状態だったそうです。

そんな時、友人に招かれて北海道で夏休みを過ごすことになりました。そこで研究を続けられたのです。ソファーにもたれて寝ていることが多くて、嗜眠《しみん》性脳炎というあだ名をつけられるほどだったといいます。

ところが、九月に入って、朝食の後、応接室に座って考えるともなく考えているうち、考えが一つの方にまとまっていき、数学史に残るような大問題の答えがすっかりわかったのです。

このことを岡先生は、次のように言っていますから引用しておきます。

「全くわからないという状態が続いたこと、そのあと眠ってばかりいるような一種の放心状態があったこと、これが発見にとって大切なことだったに違いない。種子を土にまけば、生えるまでに時間が必要であるように、また結晶作用にも一定の条件で放置することが必要であるように、成熟の準備ができてから、かなりの間おかなければ立派に成熟することはできないのだと思う。だからもうやり方がなくなったからといってやめてはいけないので、意識の下層にかくれたものが徐々に成熟して表層にあらわれるのを待たなければならない。そして表層に出てきた時はもう自然に問題は解決している」

潜在意識の霊妙な働きについて、これほど見事に書かれた文献は世界でも稀《まれ》です。この方が日本の数学者であることに私たちは誇りを持ちたいと思います。

Murphy

80

成功した作家や学者は潜在意識の助けを受けた

『宝島』をはじめ数々の名作を残して、われわれにも親しまれているイギリスの作家ロバート・L・スティーヴンソンは『平原を越えて』という彼の著書の中で、ほとんど一章を夢の話に割いています。

スティーヴンソンは毎晩眠る前に、必ず潜在意識に特別な指示を与えることを習慣にしていました。彼は潜在意識に自分の眠っている間に、話を展開するように頼んでおくのでした。スティーヴンソンは鮮明な夢を見る人で、この夢の中に展開されたことを目が覚めてから文字にしていたわけです。

彼は自分にこのようないろいろな夢を次から次へと持ってくる潜在意識のことを、「小さいブラウニーたち」と呼んでいました。

「小さいブラウニー」というのは、スコットランドの伝説で、夜中に現れては、掃除や脱穀など農家の手伝いなどしてくれたという茶色の小人のことです。スティーヴンソンは自分が眠っている間に、仕事をしてくれるという意味で潜在意識のことをこう呼んでいるのですが、いかにも作家らしい適切な名前の付け方です。

彼の言葉によると、これらの小さいブラウニーたちは、次から次へと続き物のように話してくれ、作家であるはずの彼自身は、その間中、このブラウニーたちがどのように話を発表させるつもりか、全然わからないのだそうです。

それでスティーヴンソンは小説の素材が底をついたときは、「よく売れて、よくもうかるすばらしく面白い小説を一つ私にください」とブラウニーに頼むのでした。すると必ず翌朝まで持ってきてくれるのでした。その結果が二十巻にも及ぶスティーヴンソン全集になっているわけです。

Murphy 81

寝ている間に〝世紀の発見〟を

アメリカのすぐれた動物学者アガシズ教授の体験を彼の未亡人の手になる伝記から紹介しましょう。

「石板に魚の化石の痕跡がついているのが発見されましたが、それはやや不鮮明であったため、それを解くため、彼が半月も努力したことがありました。すっかり疲れ果てて、彼はとうとうその仕事をやめ、それを頭から忘れようとしました。その後、間もないある晩のこと、彼は寝ている間に、例の魚のわからなかった個所がすっかり復元されているのを見たと確信して目を覚ましました。しかし目が覚めている時は、それがどうしてもよく思い出せませんでした。次の夜も、また彼は例の魚の夢を見ました。そして目が覚めると前の晩と同様あまりよく思い出せないのでした。

しかし、同じ経験がまた繰り返されるかもしれないと思って、三日目の晩には、彼は就寝前に鉛筆と紙をベッドの側に置いて眠りました。そうすると、朝がた、その魚が彼の夢の中に現れたのです。最初は不鮮明でしたが、しまいには非常にはっきりとなったので、その魚の動物学的特徴について何の疑いもないほどになりました。まっくら闇の中で半分眠りながら、彼はベッドの側の紙の上に、その特徴をスケッチしておきました。

朝になり、彼はそれを見て驚きました。そこには例の化石が示せるはずのない特徴がいくつか描いてあるではありませんか。彼はすぐにその石板の置いてあるところに急いで行きました。そして例のスケッチを頼りに石の表面をうまくのみでけずり取っていくと、そこに例の魚の部分が隠されていたことがわかりました。それが完全に現れたところを見ると、自分の夢を描いたスケッチの絵とそっくりでした。それから簡単に、その化石の魚の分類に成功しました」

このように潜在意識は、意識する目に見えないものまで見えるのです。

Murphy 82

〝死ぬ運命〟も潜在意識ではね返せるか

ロケットの研究者であり、電気工学者であるロタール・フォンブレンク・シュミット博士はソ連の捕虜となり、過酷な条件の下で炭鉱で働かされていました。ドイツにある博士の家は壊され、家族は殺されており、博士のノルマは厳しく、食糧は悪く、遠からず多くのドイツ人捕虜と同様、死ぬ運命にありました。このまったく絶望的な状態にあった時、博士は最後の手段として潜在意識に助けを求めたのでした。

博士は自分の潜在意識に向かって、「私はロサンゼルスに行きたいのだ。お前はその方法を見つけてくれるであろう」と言いました。博士は、戦前ベルリンでアメリカの少女と知り合いになり、ロサンゼルスの写真などを見せられ、その町の建物や大通りのいくつかをよく覚えていました。

それで博士は毎晩そのアメリカ人の少女といっしょにロサンゼルスのウイル

シャ通りを散歩し、二人で店に入ったり、バスに乗ったり、レストランで食事をしたり、アメリカの車に乗って、あちこちドライブするところをイキイキと想像しました。そして、その想像は強制収容所の樹木ほど現実的に自然なものになったのです。

この収容所では、毎朝点呼があり、看視長が、一、二、三と数えるのでした。ある朝、十七番まで数えた時、看視長に呼び出しがあって、一、二分ほど留守になり、戻ってくると、次の人を間違って十七と数えていきました。十七番は博士だったのです。

その日、博士は脱走しました。しかし、夕方の点呼の時の数が朝と同じだったので、博士の脱走はずっと後まで気づかれずにすみました。

それで捜査網を張られることもなく何とかポーランドに出、そこから友人の助けでスイスに逃げ、そこでカリフォルニア出身のアメリカ人と知り合い、ロサンゼルスに来ました。そして想像したようにウイルシャ通りなどを通りました。そしてもちろん、かのアメリカの少女は彼の夫人となりました。

Murphy

83

人間には〝個人の記憶〟を超えた〝民族・種族の記憶〟がある!

カール・ユングという有名な学者は、人間には民族の記憶、種族の記憶というような個人の記憶を超える記憶があると主張しています。彼はもちろん潜在意識の意味で言っているわけです。われわれの記憶は何千年もさかのぼれることを示す一例を紹介しましょう。

ペンシルヴァニア大学のH・V・ヘルプレヒト教授が、ある土曜日の夕方、古代バビロニア人の指輪についていたものと考えられる二つのメノウの断片の謎を解こうと努力しましたが、成果は一向に上がりませんでした。いろいろこねまわしたあげく、真夜中ごろ、疲れ果ててベッドに入ると夢を見ました。年のころ四十歳ぐらいと思われる、背の高いやせたニプア(今から約五千年前に栄えたバビロニアの古都で約七十年前に発掘された)の司祭が、彼をある寺院の宝物殿に連れていきました。

それは窓のない天井の低い小さな部屋で、メノウやルビーが床の上に散乱していました。

ここでかの司祭は教授にこう告げました。

「お前の本の中で二十二ページと二十六ページに別々に掲載した二つのメノウの断片は、いっしょのものであり、しかも指輪ではない……最初の二つの輪は秘蔵の耳輪だったのだ。お前が今晩ひねくり回していた二つの断片は、その一部なのだ。その二つをいっしょにして見れば、私の言うことが本当だということがわかるであろう」

ヘルプレヒト教授は、すぐ目を覚ましました。すると驚いたことには、その夢は正しいものであることがわかったのです。潜在意識は、時間と空間を超えて全知全能なのです。

Murphy 84

信頼すれば、潜在意識は常に答えてくれる

マーフィー博士ご自身の体験をご紹介しましょう。博士が先祖伝来の貴重な指輪をなくし、どこをさがしても見つからなかった時の話です。

博士は夜になった時、ちょうどだれか親しい人にでも話しかけるように、潜在意識にこう話しかけたのです。

「お前は何でも知っているのだ。もちろんお前はあの指輪がどこにあるかも知っている。今、それがどこにあるかを私に教えるのだ」

翌朝、目を覚ました時に、耳の中で突然「ロバートに聞け」という言葉がひびきました。

その頃、九歳の幼いロバートに聞くのはたいへん奇妙なことだと思いましたが、心の奥の方から聞こえてきた声に素直に従うことにしました。

はたしてロバートに聞くと、こう言ったものです。

「ああそうだ、僕、友だちと庭で遊んでいた時、それを拾ったよ。そして今、僕の部屋の机の上に置いてあります。それが大切なものと知らなかったものだから、だれにもそのことを言わなかったんです」

信頼すれば潜在意識は常に答えてくれるのです。答えを得るには長いこと時間がかかるだろうと思ったり、それは大問題だと思ったりすると、かえって答えを遅らせることになります。「難しい」と思えば、潜在意識もそう思い込まされるからです。

潜在意識には問題というものはなく、それは答えだけを知っているのです。ですから、潜在意識の全知を信じて、今はもう、問題が完全に解決した時の喜びを感じるようにしなさい。

7章

幸福・成功の種は、あなたの心の中にある！

Murphy
85

〝幸福〟とは心の状態です

幸福とは心の状態です。聖書に「汝《なんじ》の仕えるこの日を選ぶべし」という言葉があります。これはあなたには幸福を選ぶ自由も、不幸を選ぶ自由もある、という意味です。

これはバカに単純に聞こえるかもしれませんが、それは本当なのです。おそらく、これもまた多くの人々が幸福にいたる途中でつまずく理由にもなっているのです。つまり、多くの人は幸福の秘訣の単純さがわからないのです。人生の偉大なことは単純なのです。

さあ、幸福を選ぶことから始めましょう。まず、朝、ふとんの中で目が覚めたら、自分に静かにこう言い聞かせましょう。

「私は今日、幸福を選びます。私は今日、成功を選びます。私は今日、適切な行為を選びます。私は今日、みんなに対して愛と善意を選びます。私は今日、平和を選びます」

この言葉をおざなりに言うのではなく、生命と愛と興味を注ぎ込んでください。そうすれば、あなたは幸福を選んだことになるのです。あなたの外界の状況も、あなたが幸福を選んだことを証明するように展開していくのがわかるでしょう。

多くの人は「今日は悪日だ。万事まずく行くぞ」「おれは成功しないだろう」「みんなおれに反対している」「商売はうまくいかないし、さらに悪くなりそうだ」「おれはいつも遅刻だ」「おれは芽が出ないや」「あいつにはできるが、おれにはできない」などという否定的な考えを抱くことによって不幸を選ぶのです。

もし、あなたが目を覚ました時にこのような心の態度をとるならば、その通りのことを自分に引きつけて、実際に経験することになり、実際に不幸になるでしょう。幸福を選ぶ習慣をつくってください。

Murphy
86
その人が人生をどう考えるか、心の再調整を

「人間とはその人が一日中考えていることだ」というのはアメリカ第一の哲学者エマソンの言葉であり、「人の一生とは、その人が人生をいかに考えたかである」というのはローマの皇帝であると同時に偉大な哲人であり、賢人であったマルクス・アウレリウスの言葉ですが、これほど潜在意識の真理を見事に表現している言葉はありません。

マーフィー博士はサンフランシスコで、非常に不幸で、将来に失望している会社の総支配人に会いました。彼は自分の会社の副社長や社長に対する不満と憤《いきどお》りで一杯でした。

彼は「連中は自分に反対しているのだ」と言いました。心の中に葛藤《かっとう》があるため、彼の仕事の成績も下がり、株式賞与も受けていませんでした。彼は人生の危機にあったのです。

博士は彼に次のように、毎朝、目が覚めた時に静かに肯定するように勧めました。

「わが社で働いている人はすべて正直で、まじめで、協力的で、誠実で、だれに対しても善意で一杯です。彼らはわが社の成長と福利と繁栄の鎖の中の精神的な輪です。私は考えにおいても言葉においても、私の同僚や、わが社のすべての人に愛と平和と善意を放射します。……私の潜在意識の無限の知性が、私を通じてすべての決定を下すので、私のやる仕事の上の取引きにおいても、お互いの人間関係においても、すべて適切な行為があるだけです。私も、会社の人も、皆の心の中には、平和と調和が支配しています。私は今、信念と自信と信頼に満ちて新しい日を迎えます」

この支配人はこの黙想を毎朝三回ゆっくり繰り返して真理だと実感しました。日中、恐れや憤りの念が頭に浮かぶと、すぐに「平和と調和と落ち着きが常に私の心を支配するのだ」と言い聞かせました。

この心の再調整を始めて半月経ったとき、彼の社長と副社長は彼を部屋に呼び入れて、彼の仕事を非常にほめてくれました。

Murphy 87

こせこせ、イライラした日中から、静かに瞑想する夜を

ある男が苦々しく吐き捨てるように言いました。

「私の希望は息子を大学に行かせ、新しい家を買うことですが、ことごとくうまくいきません」

マーフィー博士は、この男と話しているうちに、この男が一日中、こせこせしたり、イライラしていることがわかりました。それで、神の力はだれのうちにもあるのであって、静寂の時に意識によって引き出されるのを待っているのだから、まず、自分を外界のすべての光景や音や、出来事から遮断《しゃだん》して、静寂にひたり、心の中に積極的、肯定的な心象をつくり、そういう気分にひたるように勧めました。そして物事の否定的な面ばかり見るという長い間の習慣の根を断たせるようにしました。

マーフィー博士の指示に従い、彼は夜、静かになったところで、すべての注

意力を集中して、次のように肯定しました。

「無限の知性が私のために道を開いてくれます。そして私は神的幸福を得て、繁栄します。神は息子が大学教育を受けられるようにはからいます。豊かな富が、雪崩《なだれ》のように私に押し寄せてきます」

しばらくして、彼はもとの雇主を尋ねてみる気になりました。すると、その雇主はすぐさま高い給料で彼を雇うことを約束し、同時に、工場の近くにある彼の持ち家を彼に割安に譲ってくれました。その後も給料が上がって、息子を大学にやる問題は解消しました。

彼は自分の心の奥底から、その回答を引き出したのです。それは夜、神の愛と万能を静かに黙想したことによって起こったことでした。

Murphy 88

あなたのアイデアが実現・開花したところをイメージしなさい

静寂は心の安息です。ちょうど睡眠が体の疲労を回復させ、新たな力を与えるように、静寂は人と神とを通じ合わせて、人の心に栄養を与え、生気を回復させます。

エマソンは「神々のささやきを聞くために沈黙しよう」と言っています。エマソンがここで言っている神々は潜在意識の知性といってもいいでしょう。この神々はけっして大声で語ることがありませんから、静寂な時間を持たない心には聞こえてこないのです。

静寂とは、あなたの注意力と、感覚の働きを自分の外に向けるのをやめ、そうして潜在意識の無限の英知が、必ず感応してあなたに解答を明示してくれるのを予期しながら、注意の焦点を、あなたの理想、目標、目的などに合わせる沈黙の場のことです。

感覚的に五感で知覚する世界から自分を遮断《しゃだん》して、賢明な静寂を実践し、それを幾度も繰り返しなさい。そして、あなたの願望やアイデアが現実のものになったところを黙想しなさい。あなたにアイデアを与えた無限の英知は、そのアイデアの実現と開花のために完全な計画を明示してくれます。祈りがかなえられた喜びはあなたのものになるでしょう。

ある母親がマーフィー博士に、子供が言うことを聞かないので気が狂いそうだと訴えてきた時、博士は彼女に、毎朝一人になって、詩篇の一つ二つを読んで、それから目を閉じて、周囲のすべてから自分を隔離《かくり》するように勧めました。

実際、彼女はいろいろなことを静かに黙想してみる必要がありました。神の無限の愛や、限りない知恵、完全な調和について考えたり、自分の子供たちを取り巻いて彼らを包んでいる愛と平和と喜びの雰囲気を感じること、愛と平和が自分の心を満たし、子供たちも平和と美と愛と知恵と理解のうちに育《はぐく》まれ、成長していることを確信することなどでした。

彼女の精神の蓄電池は再び充電され、彼女の生活は全面的に好転してきたのです。

Murphy

89

聖書の〝黄金律〟とは

聖書に黄金律というのがあります。「人にやってもらいたいと汝《なんじ》の願うことを人に対してもなせ」（マタイ伝七章十二節）というのがそれです。

これは別の言葉で言えば、汝も裁かれることのないよう、人を裁いてはなりません。なんとなれば、「汝が裁くように汝もまた裁かれ、汝のはかったはかりで、汝もまたはかられるであろうから」（マタイ伝七章一〜二節）ということになります。

ある秘書（女性）が会社の女の子たちにひどく腹を立てていました。というのは、その女の子たちは彼女の噂をし、彼女の言葉を借りれば、自分に関する悪質なデマをまき散らしていたからです。

彼女は自分でも女嫌いであることを自認して「私は男は好きだが、女は嫌いだ」と言って、同性を嫌っていました。

マーフィー博士が彼女を観察してみたところ、彼女は会社で自分の下の女の子たちに非常に傲慢《ごうまん》な、高圧的な、イライラした調子でしゃべっていました。博士が彼女に潜在意識の法則を説明してあげたところ、非常に驚き、しかも頭脳明敏な彼女は、その法則を理解しました。

彼女は次のような祈りを規則正しく、良心的に実行し、すっかり身につけました。

「私は愛情を込めて、静かに平和に考え、話し、行動します。私を非難し、ゴシップをまきちらしている女の子たち全員に対して、今、愛と平和と寛容と親切さを放射してやります。私が否定的に反応しようとする時は、『私は自分の内なる調和と、健康と平和の原理という見地から考え、語り、行動するのだ』と断固として自分に言い聞かせます。創造的なかの知性は、すべての点で私を導き、支配し、案内してくれます」

間もなく嫌がらせはすべて消えました。

Murphy 90

他人を憎悪する心はあなた自身を憎悪すること——潜在意識の真理

一年ほど前、あなたの手に潰瘍《かいよう》があったと考えましょう。それはひどく痛いものだったとします。しかし今も痛いかといえば、もう痛くありません。大自然の生命は傷を癒《いや》し、その痛みをとるからです。

同じように、もしだれかがあなたの心を傷つけたり、あなたについてウソを言ったり、中傷したり、いろんな悪口を言った場合、あなたはその人のことを考えると否定的な気持ちになりますか。その人が頭に浮かぶと、はらわたが煮えくり返るような気がしますか。

もしそうだったら、憎悪の根はまだそこにあって、あなたとあなたの善を破壊しているのです。それはいつまでも痛みのとれない傷を持っている体のようなものです。体の方の痛みは、そのうちとれます。なぜなら治るのが大生命の意志であり、あなたも治りたいと思っているからです。つまり、あなたは大生命と同じ意図を持っているからです。

ところが、心の傷がいつまでも痛むのはなぜでしょうか。それはあなたが大生命の意図と反して許そうとしないからなのです。

よく考えてください、自分の考えや反応や感情の主人はほかならぬあなたです。あなたさえ傷つくまいと断固としていれば、あなたの心は傷つくことはないのです。

そして、あなたの心を傷つけるようなことを言う人が出てきたら、その人のために祈り、祝福してやりなさい。

というのは、この場合、他人を祝福するのはとりもなおさず、あなた自身を祝福していることになるからなのです。そして他人を憎悪する心は、あなた自身を憎悪していることと変わらないのです。これが潜在意識の真理です。

Murphy

91

〝人を許せる〟人には人生に奇跡が起こる！

人を許すことは実に難しいことです。それがうまくできれば、あなたの人生に奇跡が起こります。そのテクニックを紹介しましょう。

まず心を静かにしてくつろぎ、緊張を解いてください。そして宇宙の大真理について黙想して、次のように肯定してください。

「私は○○（相手の名前を言う）をすっかり気前よく許してやります。私は精神的に彼を解き放してやります。私は例の件に関したことをいっさい、完全に許してやります。私は自由で彼（または彼女）も自由です。すばらしい気分です。今日は私が大赦を与えてやる日です。私は今まで私を傷つけたすべての人を放免してやります。そして、みんなに健康と幸福と平和と、もろもろの人生の恵みを祈ります。私はこのことを気持ちよく、喜んで、愛情込めてやります。そして私を傷つけた人のことを思い出したら、『私はあなたを放免してやったのだ。そして、すべての恵みはあなたのものだ』と言ってやります。私も自由で、あなたも自由です」

実にすてきです。真の許し方についての重要な秘訣は、あなたが一度その人を許したら、祈りを繰り返す必要がないということです。その人が頭に浮かんだり、昔受けた傷を思い出すようなことがあったら、簡単にやさしい気持で「汝《なんじ》に平安あれ」と言ってやりなさい。

一度放免した人を再びあなたの心に入れる必要もないし、再び放免する必要もありません。思い出すたびに、こう祝福してやりなさい。

数日もすると、その人物や体験を思い出すことがだんだん少なくなり、ついには色あせて消えてしまうことがわかるでしょう。

Murphy 92

潜在意識に頼る〝第二の天性〟

あなたは習慣によってつくられたものです。そして習慣はあなたの潜在意識の働きです。水泳、自転車、ダンス、自動車運転などを覚えたのは、それを何度も何度も意識的に繰り返して練習し、ついに潜在意識の中に路線を確立したからです。いったんそうなると、潜在意識の自動的習慣があとを引き受けました。これが第二の天性であって、それはつまり、あなたの考えや行為に対する潜在意識の反応ということです。

ジョーンズ氏は過度の飲酒という悪癖《あくへき》が身についていて悩んでいました。意志の力で何度も禁酒を思い立ちながら、その都度失敗したため、「自分は無力なのだ」という観念が彼の潜在意識に強力な暗示として働き、彼の弱点をさらに悪化し、彼の人生は失敗の連続でした。そして妻子とも別居せざるを得なくなりました。

相談を受けたマーフィー博士は、意志によって禁酒しようという試みをやめさせました。それは心の格闘をつくり出すからです。そして、まず体をくつろがせて、ゆったりと、うとうとした瞑想状態に入って、願望がかなえられた状況で自分の心を満たすことを習慣にするようにさせました。

彼はこの潜在意識に頼る方法を納得しました。彼は自分の娘が、父が深酒の習慣から自由になったことを喜んで、「パパが家にいるなんてすてきだわ」と言うところを想像しました。彼の注意が横にそれそうな時は、すぐに体をくつろがせて、笑顔を浮かべている娘と、その陽気ではなやいでいる自分の家庭の情景を心に描くことにしたのです。

それはゆるやかな過程でしたが、彼の潜在意識の中には新しい習慣が形成されていきました。酒を飲む自分よりも、幸福な家庭の一員としての自分というイメージが心の中に定着したのです。

彼はいつの間にか酒におぼれることがなくなり、幸福な家庭がまたかえってきました。このテクニックを事業にも利用して、彼は数百億円のコンツェルンの会長となったのです。

Murphy 93

〝ジンクス〟を克服できる新しい習慣のカタチ

ブロック氏は年収二万ドルの有能なセールスマンだったのですが、ここ三カ月というもの、どの家のドアもきっちり閉じられているように見えてきました。彼はお客さんを今やサインするところまで持っていくのですが、いよいよ最後の段になると駄目なのでした。

おそらくジンクス（縁起の悪いもの）が、自分について回っているのだろうと、彼は言うのでした。

マーフィー博士は彼の話をよく聞いてみると、次のことがわかりました。ブロック氏は三カ月前、契約にサインすると約束しながら、どたん場になってとりやめた歯医者に対し、非常に腹を立て、気を悪くし、恨みに思っていました。そして他のお客も同じことをやるんじゃないかと、無意識的に恐れながら生活し始めていたのでした。

そして彼は徐々に自分の心の中に障害があって、最後の瞬間に取り消されるのだという信念をつくり上げ、ついに悪循環が確立したのです。これが挫折と反感と失敗の歴史となったのです。聖書にもあるように「私が最も恐れていたことが私にふりかかった」というわけでした。

ブロック氏は問題は自分の心の中にあるのであって、自分の心的態度を変えることが肝要であると悟りました。洞察によって不幸の連続は断ち切られることになりました。ブロック氏は毎朝、お客さん回りに行く前、自分は障害も困難も遅滞も知らない潜在意識の無限の知性と一体であること、最善を喜んで期待すること、そうすれば潜在意識は自分の期待にこたえてくれるということを肯定しました。

毎朝、お客さん回りに行く前と、寝る前にこの祈りを繰り返すことによって、彼は間もなく新しい習慣の型を自分の潜在意識の中に確立し、再び成功するセールスマンになったのです。

Murphy 94

潜在意識は万能なので、アルコール依存症の人にも

アルコール依存症の人は、例外なしに深い劣等感、不適応感、敗北感、挫折感を持ち、そのさらに奥には内なる敵意をともなっています。彼らは、酒を飲むための無数の理由を持っています。しかし唯一の理由は、その人の思考生活にあるのです。

ここから抜け出ようとするなら、まず自分が依存症であることを率直に認めなければなりません。その問題を避けてはいけません。多くの人がいつまでも依存症でいるわけは、彼らがそれをなかなか認めようとしないからです。

あなたがもし過度の飲酒にふけるクセがあるとすれば、それはあなたが不安定で、内なる不安を持っているからです。あなたは人生に直面することを拒絶し、それによって飲酒の責任を逃れようとしているのです。

しかし、これは潜在意識の見地から見れば、自分でつくった心理学的牢獄に

住んでいて、自分の信念や意見、訓練、環境の影響によってしばりつけられていることです。生まれた時からアルコール依存症の人は一人もいません。必ず習慣によってつくられたものです。あなたは今の反応の仕方で反応するよう条件づけられているのです。

潜在意識は万能なので、あなたをアルコールに対する欲求からもいっさい解放してくれます。まず静かになって、心の回転をとめなさい。眠いような、うとうとした状態に入りなさい。このくつろいだ、平和的、受容的な状態で、心の底にある世の中に対する敵意を取り去って、平和と大生命について黙想しなさい。

そして「断酒と心の平和は今、私のものだ。私は感謝する」と静かに何度も断固として言い切りなさい。

酒から解放されたことを「おめでとう」と言ってくれる身内や友人の微笑を見て、その声を聞いてください。そして満足感がわき上がるまでやってください。それは必ず現実になります。

Murphy 95

競争率の高い〝オーディション〟に勝つために

ある若い女性の声楽の学生がいました。彼女はすばらしい声を持っていたので、何度もオーディションに呼ばれたことはあったのですが、そのたびに舞台負け《ステージ・フライト》を起こして失敗ばかりしていました。

彼女は恐れていたのです。心理学的に言うと「恐怖」は潜在意識に対する命令であって、潜在意識はその恐怖を実際に表現することにとりかかり、あなたを失敗させるのです。

その前のオーディションでは、音符を間違えて歌ってしまい、崩れ落ちて泣き出すという醜態を演じてしまいました。彼女がこのようなステージ・フライトを克服したのは、次のような方法によるものでした。

彼女は一日三回、部屋に一人きりになりました。アームチェアに気持ちよく腰かけ、体をくつろがせ、目を閉じました。彼女は心も体もできるだけ静かにしました。体を動かさないと心も受動的になって、心を暗示によりかかりやすくするのです。

彼女は「私は美しく歌います。私は落ち着いていて、平静で自信があって安らかです」と言い聞かせたのです。

そして自分が美しく歌うところを目に見るようにしました。彼女はこうして恐怖の暗示を反対の暗示でうち消しました。

彼女は毎日、五分ないし十分間、この言葉をゆっくりと、静かに、感情をこめて繰り返しました。彼女は毎日三回、このような「静座《シッテング》」をやり、また夜、眠る直前にも一回やりました。

一週間経つと、彼女は完全に落ち着いて自信を持ち、断然、群を抜いたオーディションを見せました。これが恐怖を克服した具体的な例です。

Murphy 96

難しい試験も失敗しないためには

多くの人が試験のとき、暗示からくる一時的記憶喪失症にかかります。そういう人たちの訴えることはいつも同じで、「試験が終わってから、その正解を思い出したのですが、試験中はその答えが出てこないのです」と言うのです。あなたもこんな経験がありませんか。

いつも考えていることは実現するものなのですが、この場合の「考え」というのは、いつも注意を集中しているもののことをさします。恐怖ということは、失敗を考えているということなのです。失敗を考えていれば、失敗せざるを得ない、というのが潜在意識の法則です。

ある若い医学生ですが、彼はクラスで一番頭がいいのに、筆記であれ口頭であれ、試験になると簡単な質問にも答えられないのです。彼は試験の数日前から、心配したり、恐れたりしていたのでした。つまり自分の潜在意識に、自分が失敗するよう取りはからってくれるよう要求していたわけです。

　マーフィー博士は彼に、潜在意識は記憶の倉庫であって、医学の勉強中に聞いたり、読んだりしたことの全部を完全に記録していること、潜在意識は反応し、応報すること、それといい関係を結ぶ方法は、くつろいでなごやかな気持ちになり、自信を持つことである、ということを理解させました。

　そこでこの医学生は、自分がすばらしい成績をとったので、お母さんが「おめでとう」と言っている光景を想像することにしました。幸福な結果のことを考え始めると、彼は自分の中にそれに応じた、あるいはそれにこたえてくれる反応や感応を呼び出すことになったのです。

　彼は結果を想像することによって、その結果を実現すべき手段を願ったことになりました。もちろん彼は次の試験を難なくパスして、想像したことを現実の世界で体験したのです。

Murphy
97
「難しい決断」は心配や恐怖とは無縁の心穏やかな時に

いわゆる「難しい決断」をしなければならない時とか、問題の解決のめどがつかない時、心配したり、あれこれ思いわずらわないで、その問題について建設的に考え始めなければなりません。世の中には、いろいろ「心配すること」を「考えること」だと思っている人もいますが、それは大間違いです。真の思考というのは、心配や恐怖からは自由なものです。

どんな問題についても、潜在意識からの指導を受けることができるテクニックを紹介しましょう。

心を静めて、体を静かにしてください。体にくつろぐように命じてください。体はあなたの意識する心の命令を受けるようにできているのです。あなたの肉体は意志も、主導性も、自己意識的な知性も持っていません。

あなたの肉体は、あなたの信念や印象を記録するレコード盤のようなものです。ですから、あなたはまず体をくつろがせるという行為によって、潜在意識に信頼感を刻印することになります。

潜在意識は、信頼されている時にしか発動して援助を与えてくれませんから、これはきわめて重要なことです。

それからあなたの注意力を発動し、自分の問題の解決に考えを集中してください。あなたの意識する心で、それを解決しようとしてください。それから完全にそれが解決したらどんなに嬉しいかを想像してください。問題がもう解決してしまった時に感じるような感じを味わってください。くつろいだ気持ちで、この気分にひたってください。それから眠りにつくのです。

目が覚めた時にまだ答えが出ていないようだったら、何かほかのすぐしなければならないことを一生懸命にやりなさい。

おそらくあなたがほかのことに没頭している時、あなたの求めていた答えは、前後の脈絡もなく、トースターからパンがぴょんと飛び出るように、あなたの頭に浮かんでくるでしょう。

Murphy

98 恐怖症を克服するには

恐水症、恐山症、閉所恐怖症など、あることを病的に恐れる人がいます。

人間は生まれつき持っている恐怖は二つしかありません。すなわち、落下の恐怖と音の恐怖です。これは自己維持のために自然が与えてくれた、一種の警報組織ですから、正常な恐怖はいいものです。自動車の近づく音を聞いたらわきによるのは、正常な恐怖に対する正常な反応でよいものです。

しかし恐怖症は異常な恐怖です。これは非常に悪く、破壊的です。こういう恐れにひたっていると、聖書の中でヨブが言っているように、「私の恐れたことが私の身にふりかかった」というようなことが実現します。しかし異常な恐怖が起こるのは、想像力を野放図《のほうず》にした場合ですから、これを克服する魔法のようによく効く方法があります。

もし水が怖いなら、一日に三、四回、五分か十分ぐらい静かに座って、自分の泳いでいるところを想像してください。実際、あなたは心の中で泳ぐのです。それは主観的な体験です。水の冷たさや、腕や足の動きを感じるのです。それはすべて現実的で、鮮明で、心のうれしい活動です。

それはとりとめのない白昼夢ではありません。というのは、あなたは自分が想像の中で体験していることは、あなたの潜在意識の中で現像されることを知っているからです。

それからあなたは否応なしに、あなたが心の深層に焼きつけた画像を、現実の世界に表出せざるを得なくなります。これが潜在意識の法則です。

山や高所が怖い場合でも同じテクニックが応用できましょう。自分が山に登っているところを想像し、それ全体の現実性を感じて風景を楽しみなさい。これを続けると、それを肉体的にも楽々と気持よくできるようになると確信ができます。そして本当にそうなります。

Murphy

99

「置き換え」の大法則で希望の人生を

失敗が心配なら、成功に注意を向けなさい。病気が怖いなら、完全なる健康について考えなさい。事故が怖いなら、神の案内と保護について考えなさい。死が怖いなら、永遠の生命について考えなさい。神は大生命で、それは今、あなたの生命です。

「置き換え」という大法則が恐怖への解答となるでしょう。あなたが恐れることは何でも、あなたの願うものという形で解決できるのです。病気だったら健康を願うのです。恐怖という牢獄にいるのなら、恐怖からの自由を願うのです。よきものを期待しなさい。心の中でよきことに集中しなさい。そして自分の潜在意識は、常にあなたに答えてくれるということを確信しなさい。それはやり損ねるということがありません。

私の知っている貧しい秀才がいました。その学生は非常に経済的に困難な状況にあったので、しょっちゅう、卒業するまで学資の工夫ができるかどうか、それを心配していました。頭のいい男ですが、その心労のため、思うように学業が進まない時があるように見受けられました。

私はこの学生に「将来、本当になりたいものは何なのか」と聞きました。彼は外国文学の学者になりたいと言いました。

それで、私は彼に、自分が講義しているところ、自宅の書斎で研究しているところ、外国の大学に留学しているところを想像し、目先の心配はやめるようにと勧めました。特に、自分の将来の理想的書斎の設計図をグラフ用紙に描くよう言いつけました。

彼はこうすることが気に入ったようでした。彼には奇跡的なことが次々に起こりました。いろいろな奨学金にめぐまれ、しかも外国の大学にも留学できました。彼は学生時代に設計したような書斎で研究しています。彼がお金のことばかり心配していたら、大学卒業もあぶなかったでしょう。

Murphy 100

潜在意識には年齢などまったく関係ない！

あなたの潜在意識は決して老いることがありません。それは時間を超越し、時代を超越し、終わることがありません。それは宇宙のはじめから存在していた普遍的生命の一部であって、けっして死ぬこともありません。

たとえで言ってみましょう。潜在意識は大海の水のようなものです。それは限りなく広く、限りなく深いのです。その大海の表面にはたえず波が立っています。その個々の波が個人個人の意識する心です。一つひとつの波はそれぞれ形が違います。しかしそれは結局、大海の表面であって、同じ物の仮の相にすぎないのではありませんか。

波はしばらくして必ず消えます。宇宙が始まってから、どれだけの人間が生きたでしょうか。すべて消え、またすべて生じるのです。どの波も消えます。そして、どの波も生じます。今ある波が消えても悲しむことがあるでしょうか。

どっちみち、同じ大海の水になり、また波になるのです。

この大海にくらべ得る潜在意識に頼ることによってこそ、一つひとつの波であるわれわれは安心立命を得、充実した、幸いなる人生を生きとげることができるのです。大海が老いを知らないように、潜在意識にも老化はなく、あなたの心は永遠です。

オハイオ州シンシナチー市の医師の一グループが、年取っただけで老化現象が起こるのでなく、心や肉体に有害な影響を与えるのは時間に対する恐怖であって、時間そのものでないと言っています。ダーウィンやカントも彼らの重要な仕事をしたのは六十歳を越えてからです。三井家の開祖も本格的に商業活動をしたのは六十歳以後です。本年、八十一歳で芸術大賞を取られた油絵の地《じ》主悌助《ぬしていすけ》画伯が、画業に専心されたのは六十五歳です。

画伯は「石ころを見ていると、石ころの心と自分の心がすっと一つになる」と言っておられます。潜在意識を芸術の面から喝破《かっぱ》された名言として記憶したいと思います。

ジョセフ・マーフィー（Joseph Murphy）
精神法則に関する世界最高の講演者の一人。神学、法学、哲学、薬理学、化学の学位をもっている。テレビやラジオを通じて、またヨーロッパ、オーストラリア、日本など各国において精力的に潜在意識の活用について講演活動を行うかたわら、多数の著書を執筆し、世界的にその名が知られている。1981年没。

渡部昇一（わたなべ　しょういち）
1930年、山形県生まれ。上智大学大学院修士課程修了。ドイツ・ミュンスター大学、イギリス・オックスフォード大学留学。Dr.phil.（1958）、Dr.Phil.h.c（1994）。上智大学教授を経て、上智大学名誉教授。その間、フルブライト教授としてアメリカの4州6大学で講義。専門の英語学のみならず幅広い評論活動を展開する。76年、第24回エッセイストクラブ賞受賞。85年、第1回正論大賞受賞。英語学・言語学に関する専門書のほかに『知的生活の方法』（講談社現代新書）、『知的生活の準備』（KADOKAWA）、『渡部昇一「日本の歴史」（全８巻）』（ワック）、『知的余生の方法』（新潮新書）、『人生の手引書』『魂は、あるか？』『終生　知的生活の方法』（いずれも扶桑社新書）、『音楽のある知的生活』（PHPエル新書）、『知的人生のための考え方　わたしの人生観・歴史観』（PHP新書）、『知的読書の技術』（ビジネス社）などがある。翻訳に『アメリカ史の真実』（チェスタトン著・渡部昇一監修・中山理訳／祥伝社）など。2017年、逝去。享年86。

マーフィー成功《せいこう》の法則《ほうそく》１００

2023年９月１日　初版発行

著　者　渡部 昇一

発行者　鈴木 隆一

発行所　ワック株式会社
東京都千代田区五番町 4-5　五番町コスモビル　〒102-0076
電話　03-5226-7622
http://web-wac.co.jp/

印刷製本　大日本印刷株式会社

ISBN978-4-89831-887-4